沖縄戦75年

戦禍を生き延びてきた人々

琉球新報社 社会部 編著

高文研

✪もくじ

◆――はじめに　語り継ぎ、書き継ぎ、私たちは沖縄の未来を平和を築く……7

Ⅰ　10・10空襲から75年―破壊された街

1．那覇が燃えた

❖繁華街、息づく暮らし……12
❖死傷者1400人超、那覇の9割が焼失……15
❖旧那覇市の人口は激減……16
❖三重城の鳥居は残る……17
【証言】①「神の国」に失望　金城重正さん（88歳）……18
【証言】②薄暗い空が真っ赤　島袋文雄さん（81歳）……19
【識者談話】「琉洋折衷」の景色　琉球歴史研究家・喜納大作さん……20

2．あの日、あの場所―10・10空襲で破壊された街

❖商人の街　一面炎に　新元庄一郎さん（91歳）、荻堂盛進さん（98歳）……22

❖1週間燃え続けた　喜納政保さん（88歳）……26
❖逃げ惑う人々　異様な光景　上原トシ子さん（78歳）……28
❖松並木が避難場所に　仲村元惟さん（82歳）……30
❖見慣れた景色が焼け野原に　知念一郎さん（83歳）……32

II　沖縄戦から75年―生き延びた人々の足跡

1. 奪われた土地、失われた村……36
❖米軍、住民排除し占拠　基地返還は33%にとどまる……36
❖基地周辺に新たな集落　中部中心に移転余儀なく……40
❖米軍、本土決戦を見据え進攻　拠点構築、中南部に着目……41
【証言】①栄えた農村、戦禍で一変　津嘉山正弘さん（93歳）……42
【証言】②荒れた返還地、復興遠く　仲宗根巌さん（89歳）……44
【識者談話】財産権無視した強奪　沖縄国際大学元教授・吉浜忍さん……45
2. 奪われた日　再生への願い―戦後75年県民の足跡……47

❖戦禍に消えた故郷　玉那覇昇さん（83歳）……47
❖山林、大木が生き証人　思い出す海の匂い　喜友名朝徳さん（84歳）……52
❖若い世代へ古里継承　花城可保さん（73歳）、喜友名朝徳さん（84歳）……54
❖せめてウタキに入れるように　町田宗益さん（88歳）……56
❖ノロの祈り、次世代へ　島袋順子さん（62歳）……58
❖家族全員を戦争で奪われて　大城政子さん（79歳）……60
❖栄養失調と熱病で失明　安慶名貞子さん（80歳）……64
❖結婚するも子どもはつくらず　大城勲さん（77歳）……68
❖焼け野原からの再出発　豊見城市・保栄茂の大豊年祭……70
❖聴覚障害でも爆弾の音、地響きで伝わる　友寄美代子さん（85歳）……72
❖パラオでの記憶、今も　岸本セツ子さん（80歳）……76
❖父の手は命綱だった　金城澄男さん（84歳）……80
❖7歳の少年、戦争孤児に　嘉陽宗伸さん（82歳）……82
❖入隊試験、白紙で提出　松堂昌永さん（89歳）……86
❖夢は海軍兵学校へ行くこと　喜納政保さん（88歳）……89
❖小飛行場造成で消えた集落　比嘉英信さん（85歳）、仲村喜政さん（84歳）……93

❖軍の実態　教育とかい離　垣花豊順さん（86歳）……95
❖護郷隊で軍隊教育を盲信　宮城清助さん（92歳）……98
❖戦況悪化で疎開もむずかしく　山田和子さん（91歳）……102
❖米軍の攻撃で崩れ落ちる首里城　仲田善明さん（91歳）……105

Ⅲ　県民、読者と刻む沖縄戦

1. 10・10空襲　私の体験……110
長嶺眞一郎さん（91歳）／瀬名波起廣さん（84歳）／東江優さん（83歳）／新垣トミ子さん（87歳）／与儀喜一郎さん（75歳）／上原芳雄さん（80歳）／石川和男さん（65歳）／比嘉初枝さん（82歳）／80代の女性からの手紙

2. 根こそぎ動員……149
波照間寛さん（91歳）／大城将保さん（80歳）

3. 戦時の正月……160
仲村元惟さん（82歳）／金城正子さん（77歳）／安里一郎さん（89歳）／

新垣トミ子さん（87歳）

4. 住民の「疎開」……179
上原ウメさん（94歳）／友利吉博さん（83歳）／瀬長盛勇さん（78歳）／
知花清さん（84歳）

5. 米軍上陸……210
照屋礼子さん（82歳）／海勢頭孝一さん（81歳）／奥村敏郎さん（85歳）／
島袋文雄さん（90歳）／大城武成さん（83歳）

■エピローグ❶ 新型コロナウイルス感染からみえてきた沖縄戦……243
宮城康二さん（92歳）／大田朝章さん（82歳）／横田チヨコさん（91歳）

■エピローグ❷ 沖縄戦75年 今語らねば、新たな証言……249
嘉手苅義男さん（81歳）／金城節子さん（83歳）

◆――あとがき 「命どぅ宝」示す壮絶な証言 不戦の誓い新たに……257

装丁：商業デザインセンター・増田 絵里

沖縄本島・周辺離島 米軍侵攻略図
（1945年3月〜6月）

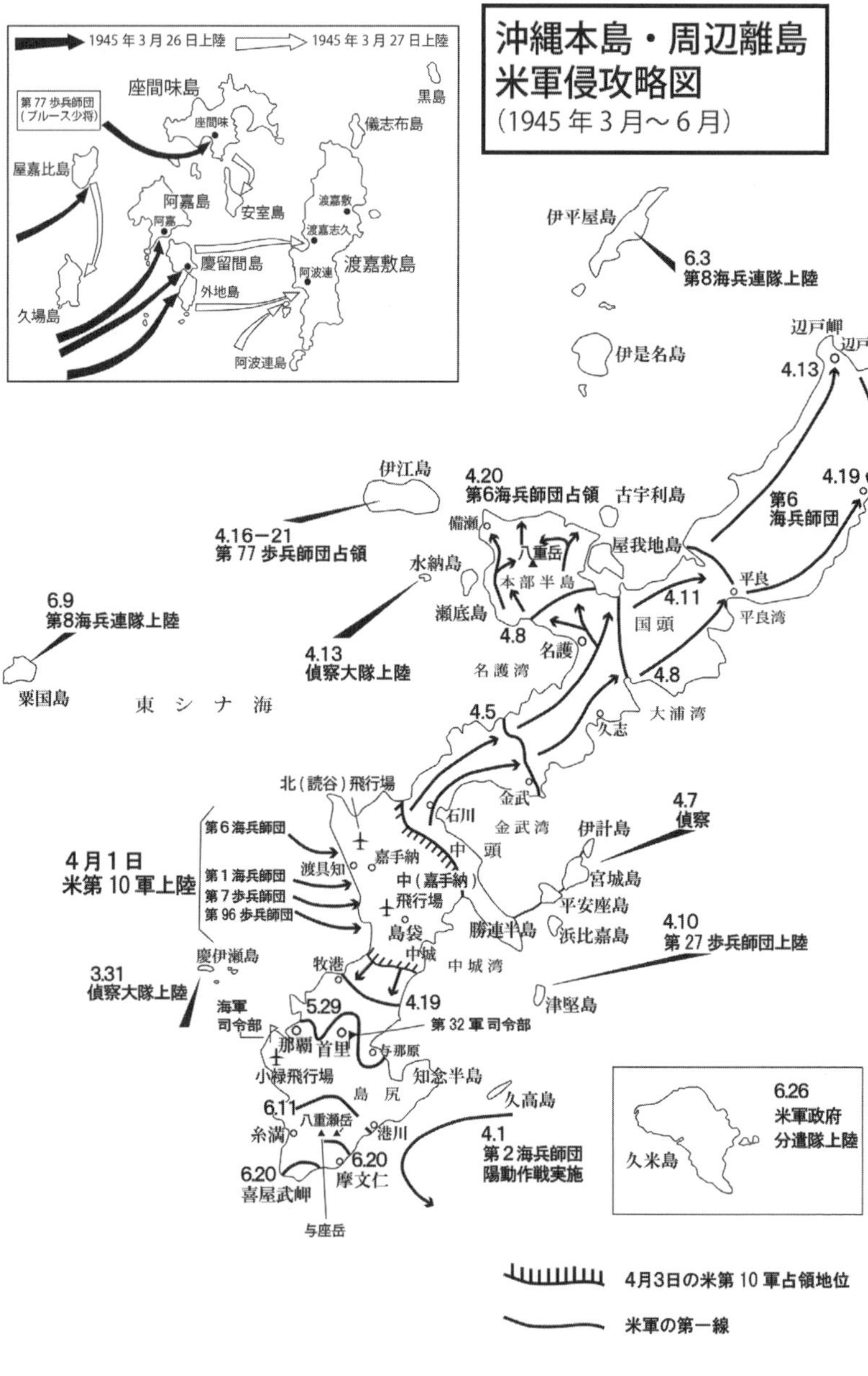

◆──はじめに

語り継ぎ、書き継ぎ、私たちは沖縄の未来を平和を築く

75年前の出来事を忘れることなく、次代へと継いでいかなければならない。このような思いで私たちは2019年9月から今日まで、沖縄戦の体験者に会い、過酷な証言を聞いてきた。そして、激戦の跡をとどめる地を訪ねた。戦火を避けて住民が避難した自然壕（ガマ）や朽ちかけた日本軍陣地、各地の慰霊碑などである。

体験者の年齢は今や、80歳代前半から90代半ば。取材する私たちは20歳代から40代、50代である。孫世代の記者に体験者は丁寧に語ってくれたが、ときどき押し黙ることもあった。悲惨な戦場を思い起こし、言葉を失ったのであろう。その時、私たちのペンも止まった。

重い時間を体験者と共有し、体験者の苦悩の深さを胸に刻みながら、私たちは琉球新報の紙面で証言を基に連載や特集記事を書いた。

本書は4つの連載を中心に構成した。

「あの日、あの場所で　10・10空襲で破壊された街」（2019年10月6日～10月10日、5回）は、米軍機が沖縄諸島全域を襲った1944年の「10・10空襲」の体験を記録した。

「奪われた日・再生への願い　戦後75年県民の足跡」（2020年1月3日～3月29日、32回）は、故郷や家族、教育の機会などを沖縄戦で奪われた人々に残る傷痕に焦点を当てた。

「読者と刻む沖縄戦」（2019年10月10日～連載中）は、「10・10空襲」「米軍上陸」など5つのテーマで読者から寄せられた沖縄戦体験記を元に連載を編んだ。

「憲法とコロナ－沖縄の現場から」（2020年5月1日～3日、3回）は、コロナウイルス感染拡大の中であらわになった私権制限や憲法改正の動きを、沖縄県民、沖縄戦体験者の視線を踏まえて検証した。

さらに**2020年6月21日、23日付1面トップの「証言」**を急きょ加えた。

文中に登場する人物の年齢、肩書き、役職などは、原則として新聞紙面掲載当時のものである。


私たちが出会った体験者60人余の証言がこの本に収められている。75年の年月が過ぎても戦争で負った傷は癒えるようなものではないことを、私たちは取材を通じて痛感した。

読者は読み進める中で体験者の傷の深さを知ることとなろう。「戦争の風化」という言葉を安易に使ってはならないと思う。

戦争のすさまじい破壊力、暴力によって沖縄県民の生命や財産が失われた。街や村を焼き尽くした。祖先が営々築いてきた独自の文化や伝統を破壊した。そして県民の心を傷つけた。あらゆるものが奪われた日から県民の戦後は始まった。再生を願い、明日への一歩を踏み出したのである。

痛みをこらえながら戦後沖縄の原点である戦場と向き合い、未来を切り開く歩みは今も続いている。本書に収めた証言は、体験者個々の歩みであるとともに戦後沖縄の歩みでもある。

戦後75年のこの年、コロナウイルス禍という想定外の出来事に遭遇した。米軍が設置した各地の収容地区で猛威を振るったマラリアによって多くの人が亡くなったことを思い出す沖縄戦体験者がいた。他方、コロナ禍に便乗して改憲を持ち出す為政者がいた。

私権の制限を当然視するような風潮が広がり、異論を唱えればネット上で中傷にさらされる。混乱状態の中で高齢者や障害者が窮地に追い込まれ、生命の危機と直面する。戦争時の空気が再現されたかのような感覚を覚えた人もいただろう。

今年、コロナ禍が戦争をあぶり出したことを記憶にとどめたい。

同時に、戦争犠牲者に対する私たちの姿勢についても検証を迫るような出来事があった。

沖縄県は毎年6月23日の「慰霊の日」に糸満市の平和祈念公園で開催する沖縄全戦没者追悼式の規模を、新型コロナウイルス感染防止のために縮小し、国立沖縄戦没者墓苑で開催すると発表した。これに対して沖縄戦研究者や沖縄戦体験者からは、住民犠牲を天皇や国家のための「殉国死」として追認することにつながるという異論が上がった。

結果的に沖縄県は国立沖縄戦没者墓苑での開催を見直したが、沖縄戦犠牲者を悼み、平和の願いを発信する戦没者追悼式の在り方や平和行政の方向性をめぐって重い課題を残した。

「コロナの時代」ともいうべき混乱期をどう生きるか。そのことを考える指標が沖縄戦体験者の証言に隠されているように思う。命を支え合うこと、弱者に手をさしのべること、デマに振り回されないこと、そして為政者の行為を注意深く見ること――。

いずれも沖縄戦から学んだ教訓であったはずだ。

最期に、私たちに自らの体験を語り、文章を送ってくれた皆さまに感謝申し上げたい。記者の前で言葉を発する時、あるいは筆を執った時、体験者の魂は75年前の激戦地、ガマ、収容地区をさまよっていたのではないかと想像する。心の傷がうずくこともあったはずだ。

私たちの取材のお願いや体験記執筆の呼び掛けを心にとめながらも、思いを果たせなかった皆さまにもお礼を言いたい。ぜひ、孫やひ孫、周囲の方々に体験を語ってほしい。

世代を超えて語り継ぐこと、書き継ぐことが沖縄の未来を拓き、平和を築くのだと私たちは信じている。

２０２０年6月6日

琉球新報社編集局次長兼編集委員（沖縄戦75年担当）、写真映像部長（前社会部長）　**小那覇　安剛**

I

10・10空襲から75年——破壊された街

沖縄戦75年

1．那覇が燃えた

※繁華街、息づく暮らし

１９４４年10月10日、旧那覇市に爆弾の雨が降った。米軍は５次にわたる波状的な攻撃を加え、民間地域も無差別に破壊し尽くした。１日の空襲で旧那覇市は住宅地を含めた約90％が失われたといわれる。戦前の那覇市の中心地は、那覇港に近い立地から現在の東町一帯に広がっていた。市役所や郵便局などの行政機関に加え、百貨店、他府県から沖縄へ来た寄留商人らが営む商店が連なり、人と物が交差する豊かな街だった。戦前の那覇の人々の暮らしと、10・10空襲によって受けた被害の実態を振り返る。

１９１９年に落成した那覇市役所は県内初の鉄筋コンクリート建造物だった。高さ23メートルの塔は当時の那覇市で最も高い建物で、那覇のシンボルともいわれた。

市役所と同じ年に建てられた那覇公会堂は、西洋風建築に赤瓦が葺《ふ》かれた「琉洋折衷」の建築様式として知られた。８００人が収容でき、議会や講演会などが開かれた。電話交換局や郵便局など、当時の行政機関が集積していた。

10・10空襲による那覇市内の民間被害

犠牲者	■死亡／255人　■負傷／358人
家屋	■全焼全壊／1万1010戸 ■半焼半壊／22戸
船舶	■沈没／56隻　■炎上／2隻
交通	機関車　■焼損／2　■中損／2 客　車　■焼損／6
通信	■那覇郵便局ほか8局消失

参照：「沖縄県史各論編6」

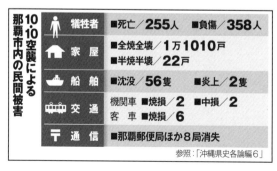

市役所前に延びる「大門前通り《うふじょうめー》」をはじめとする通りと、周辺には寄留商人らが営む商店が多く立ち並んでいた。1936年8月に日本商工会議所がまとめた「各都市に於ける商店街調査（九州及朝鮮地方）」によると、那覇市商店街の店舗は、小売店が64軒、卸売業や百貨店など小売店以外の店舗が13軒で、合計77軒あったとされる。映画館が2軒あり、劇場も1軒あったと記録されている。

東町にあった東町市場は品物によってシシマチ（肉市）、イユマチ（魚市）、ヤーセーマチ（野菜市）などの区画で分けられていた。シシマチは小禄《おろく》出身者、イユマチは泉崎《いずみざき》出身者が多かったといわれる。野菜は主に小禄の大嶺や鏡水《かがみず》、豊見城《とみぐすく》の饒波《のは》、高安《たかやす》などから来ていた。イモは浦添《うらそえ》の小湾《こわん》、城間《ぐすくま》などから運ばれてくるなど、周辺の村々からさまざまな品が集まる集積地だった。

首里《しゅり》が城下町としての伝統を重んじてきたことと比較し、那覇は「庶民の町」だったとされる。『那覇市史』によると、那覇は新しいものを柔軟に受け入れる要素を持ち「地方から那覇に移り住む人たちも気軽に迎え入れるという開放的な面があった」としている。

那覇の中心地は流行の発信地でもあった。山形屋百貨店に近い場所にあった「石門通り」にはレコードや蓄音機、時計などありとあらゆるものが売られていた。映画館やカフェ、喫茶店、そば屋や食堂が立ち並び、多くの買い物客が訪れていた。夕方になると、蓄音機店は琉球古典音楽や民謡、流行歌などをかけていたため、買い物客ばかりではなく、用のない人も通りをぶらぶらと歩いていたという。

市内随一の繁華街だった大門前通りは盆前や師走は特に多くの人出でにぎわっていた。木造平屋の商店が多かったが、1935年には鉄筋建ての円山号《まるやまごう》百貨店が建造され、山形屋百貨店と共に通りの名物となった。

※死傷者1400人超、那覇の9割が焼失

1944年10月10日の「10・10空襲」は第1次空襲が始まった午前6時40分ごろから、午後3時45分の第5次攻撃までのおよそ9時間、米軍の波状的な攻撃が続いた。延べ1396機の米軍艦載機が本島や周辺離島、先島《さきしま》、奄美《あまみ》諸島など南西諸島全域を飛び回り、爆弾の雨を降らせた。

攻撃目的は港湾や飛行場だったが、午後にかけて旧那覇市の民間居住地域も焼夷《しょうい》弾で焼き払い、那覇市の家屋9割が焼失した。沖縄戦の前哨戦とも称される無差別な空襲によって668人が死亡、768人が負傷した。

空襲が始まった午前7時前、那覇市役所の宿直員として空襲を体験した宮城調定さんは、異様な物音が気になりながらも「砲声や機銃音は前夜からの演習の続きであり、頭上の飛行機は友軍であると判断した」とその時を振り返る。宮城さんと同じように「友軍」の演習と思い込んだ住民は多かった。米軍の攻撃と分かり、空襲警報が発せられると、住民らは近くの防空壕などに避難した。

10・10空襲ドキュメント

6:40 ～ 8:20
第1次空襲
米軍の攻撃始まる。計240機が沖縄本島の飛行場を中心に攻撃

7:30 ～ 13:35
32機が宮古島の海軍飛行場、船舶を攻撃

7:45 ～ 16:07
50～60機が奄美大島古仁屋、名瀬などを攻撃

8:35 ～ 9:10
8機が石垣島を攻撃

9:20 ～ 10:15
第2次空襲
220機が本島や慶良間諸島の飛行場、船舶などを攻撃。垣花町が炎上

11:45 ～ 12:30
第3次空襲
140機が那覇、渡久地、運天、与那原、泡瀬などの港湾施設を攻撃。那覇桟橋に火柱が上がり、崎原灯台近くで停泊中の弾薬輸送船が爆弾によって大爆発し、沈没

12:40 ～ 13:40
第4次空襲
130機が低空の機銃射撃と那覇の市街地に焼夷弾を投下。那覇港に近い上蔵町、天妃町、西新町、西本町、東町が炎上

13:55 ～ 15:50
18機が南北大東島の漁船、飛行場西海岸を攻撃

14:45 ～ 15:45
第5次空襲
計170機が那覇市の市街地などを攻撃。市街地の大部分が焼失する

14:50 ～ 15:50
50機が徳之島の飛行場を中心に攻撃

米軍による第1~3次攻撃は本島内の飛行場や港湾、船舶への攻撃が主だったが、第4、5次攻撃にかけて那覇市街地が集中的に標的となった。那覇市街地への攻撃について松下町に住んでいた金城唯正さんは「前の飛行機が焼夷弾を投下すると、後についている2機が左右から機銃掃射するという風だった」と振り返る。那覇市の民間地では255人が死亡、358人が負傷し、家屋の消失は1万1千戸余にも上った。那覇だけではなく、日本軍の施設がある読谷村《よみたんそん》、本部町《もとぶちょう》なども攻撃された。10・10空襲後、沖縄に戦雲は急速に迫っていった。

※旧那覇の人口は激減

10・10空襲前の旧那覇市の人口は約5万5千人。空襲による同市の死者は255人、負傷者は358人だった。1万1千戸余が焼失し、約5万人が被害を受けた。

現在の那覇市は戦後の1954年に首里市と小禄村を編入、さらに57年に真和志《まわし》市を編入してできた。現在の人口は32万1千人余に上る。

10・10空襲の後、旧那覇市の人口は一時約8千人に激減し、約4万7千人が北部など他の地域に避難した。インフラも破壊されたため、街の大部分はゴーストタウンと化した。戦後も旧那覇市の市街地はほとんどが米軍の物資集積所となり部隊が駐屯した。市の中心部は米軍管理下に置かれ、軍施設から1マイル(1・6キロ)以内は立ち入りが禁止された。45年11月には陶器製造業者らが壺屋と牧志に入り、復興が始まった。首里市では45年12月に首里建設隊が住宅を建設、翌年には約1万5千人~1万6千人の市民が帰って来た。真和志の人々は46年1~2月に摩文仁《まぶに》村米須(現糸満市)へ移動した。豊見城村嘉数《かかず》への移動を経て、

7月に真和志への移動が許可された。

小禄村では46年2月に村内への移動許可が出され、村民がそれぞれの収容地域から移動してきた。だが安次嶺《あしみね》、当真《とうま》、金城《かなぐすく》、鏡水などは全域が米軍に接収されたままで、住民は津真田（現在の那覇市高良2丁目周辺）という地域に集まり、集落ができた。後に出身地への帰郷がかなった。

※三重城の鳥居は残る

10・10空襲によって、那覇の街は破壊され、残った建造物も時がたつにつれてほとんどが無くなった。当時から残っている数少ない建造物のうち、戦前と同じ場所に建っているものは那覇市三重城《みえぐすく》にある鳥居ぐらいだとされる。この鳥居には「昭和11年（1936年）2月建立」との文字とともに、砂糖商人らの組合「沖縄糖商同業組合」の銘が刻まれている。

1935年ごろの那覇市街地の地図には、三重城の近くに鳥居が描かれ、航海安全の神を祭る「金比羅《こんぴら》宮《ぐう》」との文字が記載されている。沖縄糖商同業組合は砂糖を移出する商人の組合で、明治時代に結成したとされている。沖縄の砂糖は大阪などを中心に移出していたとされ、砂糖の安全な移出を祈願するために金比羅宮や鳥居が建立されたとみられる。

2015年に旭橋再開発工事に伴って発見された戦前の県営鉄道（軽便鉄道）の転車台は移設され、カフーナ旭橋A街区交通広場で19年6月から公開されている。転車台は機関車を方向転換させる回転台で、戦前、那覇駅のみに設置されていたとされる。

沖縄戦75年

【証言】①「神の国」に失望

金城 重正さん（88歳）

当時は那覇市立商業学校（現那覇商業高校）の1年生だった。午前は授業、午後は軍事教練や中部の中飛行場などの陣地構築をした。青春らしい思い出はほとんどない。

10月10日の朝、学校に行くため小禄村（現那覇市）具志の家を出て垣花町から渡地《わたんじ》に向かう渡し船に乗った。午前7時ごろ、船が那覇港の真ん中まで来た時に北から数十機の飛行機が来た。最初は演習かと思った。がじゃんびら（那覇市垣花から安次嶺への坂道）の砲台が飛行機を撃ち始めて敵機だと気付いた。

10・10空襲当時、家族が逃げていた自宅の防空壕を指す金城重正さん

米軍機は那覇港内や沖に停泊している日本の軍艦を爆撃した。

船が着くと周囲の人たちと那覇駅近くの防空壕に逃げた。爆撃がやむと家に向かい、今の陸上自衛隊那覇駐屯地周辺まで来た時に再び爆撃が始まった。米軍機が街に焼夷弾を落とすのが見えた。日本は神の国だと信じていたが、失望というか、本当に勝てるのかと不安になった。家族は庭の壕に入り無事だった。

年が明けると学徒隊に入り、首里城正殿で通信や手旗信号の訓練を受けた。2月末ごろからは識名《しきな》の県庁壕の拡張をした。だが具志《ぐし》に駐屯していた吉田さんという海軍隊長の配慮で、家族が疎開した名護の数久田《すくた》に私も避難することになった。恩納《おんな》村を通った時に米軍機が避難者の列を襲い人がどんどん倒れた。私も右の太ももを撃たれた。

現在の基地問題については複雑な思いがある。安全保障上、基地は必要だと思うが、基地があるから爆弾が落とされる。

沖縄戦75年

【証言】② 薄暗い空が真っ赤

島袋　文雄さん（81歳）

10月10日は壺屋《つぼや》でも米軍機襲来で警報が鳴り響いた。米軍機の機銃掃射を目撃し、パイロットの顔が見えるほどに低空飛行で滑空した様子を今でも覚えている。

その夜、高台から那覇の街を見ると、薄暗い空が真っ赤で燃えていると分かった。子どもの目にも強烈な光景だった。

私は当時、幼稚園児で兄と2人、住民が掘った壕に向かって走った。今のやちむん通りを国際通り向けに逃げている途中、壕の手前で「来るな。伏せろ」と大きな声が聞こえ、溝に隠れた。米軍機は今の平和通り方面からやって来て、機銃掃射をしながら開南《かいなん》方面に飛んでいった。

「燃える街。強烈な光景だった」と話す島袋文雄さん

壺屋には壕が1～6号まであって、私は1号だったけど、6号が攻撃で入り口が崩れ2人が犠牲になった。

その日夕方近くになり、那覇の街が燃えていると騒ぎになって高台に壺屋住民が集まった。私も物珍しさで向かった。

しばらく見ていると「ドカン、ドカン」と一段と大きな音が響き、爆発して炎が上がっているように見えた。当時、久茂地《くもじ》小学校の近くに発電所があった方角で、燃料に引火して炎上したんだろう。

壺屋は運よく被害は少なかったが、10・10空襲はその後の地上戦の始まりだった。戦争は住民も関係なかった。そして沖縄は全てを失い、復興も遅れた。この教訓は次世代に伝えなければならない。沖縄だからこそ、戦争に関係することは否定していかなければならない。

【識者談話】
「琉洋折衷」の景色

琉球歴史研究家・喜納　大作さん

沖縄戦75年

戦前の那覇には、明治時代から寄留商人が結構入ってきていて、商店街はさまざまな店舗が開かれていた。百貨店があったり、洋食屋があったり、大きなそば屋があったりと、今の人が想像する以上に近代的な街だった。

聞き取り調査の中では、戦前に「キムラパン屋」という店があり、「クリームパンがおいしかった」という話や、那覇駅にアイスキャンディーが売られていて「食べるのが楽しみだった」という話も聞いた。サーター車を馬などに引かせサトウキビを絞っているような牧歌的な風景が沖縄各地にあったが、それと同時並行で那覇には近代的な街が広がっていた。

近代的な街ができたのは、那覇港が近くにあり、人と物が行き来していた中心地だったからだろう。また、県庁が首里ではなく、那覇にできたことも大きかった。

琉球王国時代は首里が行政の中心で、那覇が商業の中心という役割だった。だが、廃藩置県で1879年に東町の薩摩在番奉行所の跡地に仮県庁が設置され、1920年に現在の場所（泉崎）に移ってきた。行政の中心が移ってきたこともあり、那覇は一気に栄えていった。

那覇の建物は洋風建築だが、赤瓦の屋根を使っている建物があった。那覇市役所もそうだが「琉洋折衷」とも言える景色が広がっていた。寄留商人の家は土蔵があるなど、日本的な建築もあった。文化がミックスされた街だった。

洋風建築で赤瓦を使っている建物は現在残っていない。那覇だけの景観だったが、それが空襲によって無くなってしまったのは残念だ。

2. あの日、あの場所——10・10空襲で破壊された街

❖商人の街　一面炎に

那覇市東町・新元　庄一郎さん（91歳）
荻堂　盛進さん（98歳）

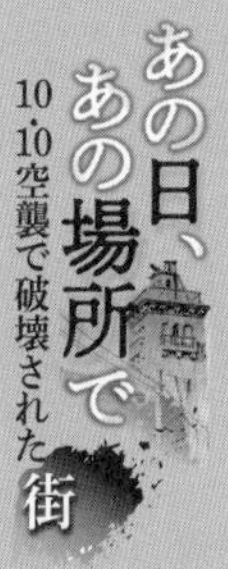
あの日、
あの場所で
10・10空襲で破壊された街

※響く警報　店揺らす砲弾

戦前、旧那覇市の中心地は今の那覇市東町を中心とした一帯にあった。高さ23メートルの塔がそびえ、県内で初めて鉄筋コンクリート造で建てられた那覇市役所。市役所前を通る大門前《うふじょうめー》通り周辺には、鹿児島県から移り住んだ寄留商人らが営む60余りの商店が並んだ。

布マチ（布市場）では女性が大きな傘を差しながら路地で反物を売り、山形屋百貨店に遠方から買い物に来た人々は近くのそば屋で昼食をとった。映画館２軒、大型書店や雑貨店も軒を連ね、連日買い物客でにぎわう。３００年かけて築き上げられた豊かな那覇の街。そこで生きる人々の営みは、わずか1日で全

て灰となった。

　1944年10月10日、大門前通りと交差する石門《いしじょう》通りに近い化粧品店「新元」は、普段と変わらない朝を迎えた。からっとした秋晴れが広がっていた。午前7時すぎ、当時17歳で那覇市立商業学校5年の新元庄一郎さんは学校へ向かう身支度をしていた。お手伝いの女性が軍需工場へ作業に出てしばらくした後、突然、空襲警報のサイレンが街中に鳴り響いた。ほとんど同時に、店は砲弾の振動で揺れた。

　早朝から上空に航空機が舞っていたが、那覇の商人の誰もが「友軍の演習」と信じていた。父・亀次郎さんは慌てて店先や周囲を見て「大変だ」と叫ぶ。防空壕に逃げ込んだが、火災が徐々に通り一面へ広がっていった。

10・10空襲で店が焼け、戦後に再建した合資会社「新元」の新元庄一郎さん

　空襲の合間に、避難用として一部を開けていた屋敷裏の石垣をくぐり抜け、市役所の塔の下を通り、旭橋方向へ向かった新元さん。いつもは買い物客でにぎわう街を歩いている人は一人もいない。時が止まったかのようだった。

　街を抜け、避難場所を探した新元さんの親子は知り合いの那覇農園（現在の壺川）内にあった壕に逃げ込んだ。米軍は午後にかけて那覇の市街地を焼夷《しょうい》弾で徹底的に攻撃した。銃撃音は激しく、壕の中で思わず耳を押さえた。砲弾が撃ち込まれるたびに「地面がブランコのように揺れた」

夕方、米軍の攻撃が終わると、街に再び静寂が訪れた。線路伝いに歩き、松川を通る頃には日は暮れていた。

ふと、小高い場所から街の方向を見た。街中から大きな火柱が上がっていた。「これから先どうなるのか」。不安で仕方なかった。

※家族で再建、今も息づく心意気

那覇市東町の「サンシャイン通り」から一本入った駐車場の一角にひっそり建つ小さな記念碑。「昔この地に明視堂なる町家あり。（中略）親の為世の為『ハタラケ　トキハ　カネナリ』を一から十まで符諜に切磋琢磨《せっさたくま》し商道に汗を流す」

この碑は戦前、那覇の街にあった雑貨店「明視堂」の元従業員らが1993年に建てたものだ。明視堂は寄留商人の山下悳三《とくぞう》さんが開業し、眼鏡やキセル、ラジオや子供服などさまざまな雑貨を扱う店だった。市内の全小学校に二宮金次郎像を贈ったり、商業学校に通う生徒を対象とした奨学資金を提供したりするなど、社会貢献活動にも熱心だった。

1936年ごろ、当時16歳で、明視堂にでっち奉公していた荻堂盛進さんは碑文の前に立ち、活況だった店の様子に思いを巡らせた。住み込みで働き、荷物を載せた人力車を押して大門前通りを何度も行き来した。

自転車で本島北部まで荷物を届ける従業員もいたという。

荻堂さんは40年ごろに出征したため、明視堂の最期は見ていない。ただ、寄留商人らの息遣いは今も心に残る。「沖縄の人に対しての思いはとても強かったよ」。碑の前で何度もうなずいた。

石門通りにあった「新元」は10・10空襲で跡形もなくなった。

戦前那覇の中心地にあった明視堂の跡地に立つ荻堂盛進さん

戦後、再び店を興し、現在は主にタオルを扱う合資会社「新元」として、当時の店の近くに店舗を構える。父・亀次郎さんと共に店を復興させた新元庄一郎さんは、「あの空襲で生活は一変した。何もないところから家族で一つ一つ再建していった」と語る。

戦後、那覇の元の市街地は米軍の物資集積所となり、立ち入りが禁止された。商売の中心地も牧志や壺川へと移っていった。

だが、旧那覇の中心地で生きた商人たちの思いは、今も街の片隅で息づいている。

❖1週間燃え続けた

那覇市東町・喜納　政保さん（88歳）

※別れた友とはその後会えず

「空襲から1週間たっても焼け残った樽の中から煙が出続けていた」。那覇市松山の喜納政保さんは75年前に見た光景を今も覚えている。

県立第二中学校の1年生だった喜納さんは、旭橋近くにあった自宅で10・10空襲に遭った。当時住んでいた自宅住所は「那覇市東町5丁目2番地」。軽便《けいびん》鉄道の那覇駅のすぐ近くにあった。

那覇駅は北は嘉手納《かでな》、南は糸満《いとまん》など各地で収穫されるサトウキビから精製された砂糖の集積地となっていた。喜納さんは毎朝、駅から那覇港に向かう荷馬車の列を見送るのが日課だった。

わんぱく盛りだった喜納さん。戦時体制下で、空腹をまぎらわすために荷馬車にこっそり乗り込み、たるから砂糖を盗み食いしたこともあった。しかし、空襲はそんなささやかな日常を一瞬で暗転させた。

「父親が食品の卸をする会社をやっていて、自宅も兼ねた事務所にはモズクなどの海産物を入れたたるがたくさんあった。でも、空襲でそれがほとんど焼け、家も灰になった」

その日、喜納さんは同級生と小禄村（現・那覇市小禄）にあった那覇飛行場で行われる日本軍の作業に向かう予定だった。午前7時、迎えに来た友人を自宅に招き入れようとした時、頭上の機影に気付いた。

「最初は演習かと思ったが、それにしては地上からの距離が近い。慌てて屋根に駆け上がった」

屋根からは首里の方角から飛んできた複数の機体が、那覇港に向かって急降下するのが目に入った。機体には星のマーク、ヘルメットとサングラス姿のパイロットがこちらを見下ろすのがはっきりと見えた。

「空襲だと気付いたのはその時だった。その場にいた友人には『帰った方がいい』と伝えて、私たち家族も逃げることにした」。隣家の雑穀店の倉庫に逃げ込むやいなや、米軍機の爆撃が始まった。暗い倉庫内に響くごう音が爆撃のすさまじさを物語っていた。

かつて自宅があったという現在の国道 58 号旭橋交差点に立つ喜納政保さん。「何もかも変わってしまい浦島太郎状態だ」と語る

ここにいては危ない――。午前11時30分、いったん爆撃の音がやんだのを機に喜納さん一家は、近隣住民の避難場所になっていた泉崎の防空壕を目指した。午後5時、空襲が終わり、丘の上にあった壕を出て目に飛び込んできたのは、業火に包まれるわが家だった。

「辺り一面、火の海だった。那覇の町は1週間燃え続けた」。住み慣れた町を後にした一家は親類を頼り、3日かけて本部《もとぶ》町まで歩いた。そして家族そろって那覇に戻った時には、3年半の月日がたっていた。

空襲の朝、一緒だった友人とはその後も会えていない。「生きているのか死んでいるのかさえ分からない」。喜納さんは苦しそうに言葉を絞り出した。

あの日、あの場所で
10・10空襲で破壊された街

❖逃げ惑う人々　異様な光景

那覇市天久・上原　トシ子さん（78歳）

※消えた幸せな食卓

喜ぶ母と弟の幸せそうな顔を見た後は地獄だった。１９４４年10月10日、上原トシ子さんは当時暮らしていた真和志村（現那覇市）天久にある母・金城カメさんの実家にいた。楽しかった思い出とつらい体験が入り交じるあの日の記憶は、当時３歳だった上原さんの脳裏に焼き付いている。

太平洋戦争真っただ中、日ごろは限られた食料しか口にすることができなかった。だがその日は、朝食を準備していた祖母が「トシ子、うり」と上原さんに三枚肉をくれた。祖母が何かのためにと置いてあったごちそうだった。上原さんは母と弟に三枚肉ちぎって分けてあげた後、うれしくて飛び跳ねるように玄関から家に入った。

「ボボーン」。これまでに聞いたことがないような音と熱風を感じた。何が起きたか分からず、屋敷内の防空壕に逃げ込んだ。手に持っていた三枚肉はなかった。

家族は空襲の隙を縫って集落内にあった墓に向かった。上之屋近くの大通りに面した自宅を出ると、通りは南から逃げてくる人たちでいっぱいだった。人々が慌てふためき、主《あるじ》のいない馬が池にはまり断末魔の叫びを上げながら暴れ狂っていた。そんな中、小学1年生くらいの男の子が黙っておじいさんの手を引いていた。上原さんは「普通じゃない。暗くて、怖かった」と異様な光景を振り返る。

　集落内の高台辺りにあった墓は、防空壕のように中に入れるようになっていた。「母がそばにいないといつも泣いていた」という上原さんは、弟と一緒に母にしがみついて震えていた。空襲がやみ、自宅に戻ると一帯は焼け野原に。家は無事だったが、炎は目前まで迫っていた。「ここは危ない」と区長に促され、近くの戦車壕に避難した。

　10・10空襲を生き延びた上原さんら一家は翌年3月、天久《あめく》の住民らと共に大宜味村《おおぎみそん》に向かった。途中、兵隊から「おにぎりを準備してある」と言われ、代表して母が防空壕に取りに行った。戻りが遅かったため、上原さんも中に入り暗闇の中、人をかき分けて母の手をつかんだ。「なんで分かった」と尋ねられ、上原さんは「においで分かった」と返した。しがみついていた母のにおいを覚えていた。

母の実家があった天久周辺で10・10空襲当時を振り返る上原トシ子さん

　母の実家周辺は国道58号となった。開発が進み、新都心も近い。日ごろは戦時中を思い出すことは少ないが、孫やひ孫に囲まれた日々の中でふと母の面影が心をよぎる。「幸せを感じると母を思い出す」と言う上原さん。

　戦争を生き抜き、苦労を重ねて50代で早世した母が注いでくれた愛情を、今も感じている。

❖松並木が避難場所に

宜野湾市・仲村　元惟さん（82歳）

あの日、あの場所で
10・10空襲で破壊された街

現在の宜野湾市嘉数から普天《ふてん》満宮《まぐう》（同市普天間）まで続いていた松並木の街道「宜野湾並松（じのーんなんまち）」。かつて、琉球国王も参拝のために通ったという街道を、その日は正月でもないのに多くの人が北へ北へと歩いた。

「防空ずきんをかぶった人なんてわずか。着の身着のまま家を飛び出したのでしょう」。当時、嘉数国民学校1年だった仲村元惟さんは1944年10月10日を述懐する。つえをついた老人、荷物を頭に抱え一目散に逃げる男女。泣き叫ぶ子の手を引く妊婦……。生い茂る松の葉が空からの目を遮り、多くの人の避難場所にもなっていた。沿道の住民は、逃げ惑う人たちにお茶を差し入れた。

※仲良く遊んだ那覇の少年

街道沿いにある自宅隣の伯母の家に、少年とその祖母が住み着いた。10・10空襲で那覇の自宅が焼け、逃げてきた「せいいち」と名乗る少年。記憶では「清一」だが名字は知らず「那覇の清一」と呼んだ。少年の両親を見たことはない。

同い年ですぐ仲良くなった。国民学校は既に兵舎になっており、晴れた日は山の中で、雨の日はむらやー（公民館）で一緒に勉強した。「背丈は120センチくらい。かっぷくが良く、野球帽を横向きにか

避難する那覇市民を目撃した旧街道「宜野湾並松」に立つ仲村元惟さん。街道は現在の米軍普天間飛行場の場所にあった

ぶっていた」。やんちゃな清一少年とは、木の枝の〝軍刀〟で兵隊ごっこをして遊んだ。一度だけ、2人で校庭に忍び込み、「ののやま軍曹」という人がコンペイトーを食べさせてくれたのは良い思い出だ。

戦況は悪化した。修了式の日の45年3月23日、佐真下《さました》集落の住民は今帰仁村《なきじんそん》に疎開することになった。仲村さんも清一少年とともに3日ほどかけて今帰仁村に行き、謝名のトンネル壕に避難した。「壕の中を流れる小川でタニシをとって食べたり、2人で遊んだり。苦しい中でも楽しかった」

事態が一変したのは4月20日ごろ。さらに山奥に避難していた仲村さんたちを艦砲射撃が襲った。清一少年の祖母を艦砲の破片が直撃し犠牲になった。食料が足りず、自らの家族を養うのがやっとだという状況で佐真下の人たちは清一少年を見捨てた。「私の母だってそう。人が人でなくなるのが戦争というが、まさにそうだった」。戦争孤児となった少年は、いつの間にか姿を消していた。

本島北部の戦闘が収まり、仲村さんは米軍によって羽地村《はねじそん》仲尾次の収容所に連れて行かれた。米軍のジープにカーキ色の軍服を着た少年が乗っていた。車を飛び降りるなり「元気か」と手をさしのべてきた。清一少年だった。壕にいるときよりも少しふっくらとしていた。

その後の清一少年の消息は分からない。「死ぬまでにもう一度会いたい」。仲村さんは75年前の空襲が生んだ縁を懐かしむ。

❖見慣れた景色が焼け野原に

本部町・知念　一郎さん（83歳）

あの日、あの場所で
10・10空襲で破壊された街

※渡久地、伊江島にも黒煙

「その日は秋晴れだった。雲一つない爽やかな日だった」。本部《もとぶ》国民学校2年生だった知念一郎さんは、日常が一瞬にして灰になった当時の光景が今も脳裏に焼き付いている。

毎朝、7時前に本部町野原の家から山道を下り、同町渡久地《とぐち》にある学校へ向かう。小さな橋を渡ると料亭が1軒。向かいの市場は買い物をする人でにぎわう。知念さんの家族は、自宅の田んぼで育てたイモや麦を抱えて山道を下り、市場でしょうゆや塩に換えた。祭りの時期には渡久地の大通りで綱引きや旗頭があり、町中から人が集まった。

１９４４年10月10日午前7時前、いつものように学校まで片道3・5キロの山道を1人で歩いている途中、けたたましい音を立てて何十機もの飛行機が上空に現れた。眺めていると、空襲警報のサイレンとほぼ同時に渡久地の街に爆弾が落ちた。爆弾が次々と落ち「ボンボン」と音が響いた。道の先に並ぶ松の木が倒れるのを見ながら学校へと向かった。「日本軍の演習だと思い込んでいた」

50メートル先の畑でイモを掘っていた青年が「隠れろー」と大きな声で叫んだ。慌てて近くの土手の下に体を潜めた。海の向こうに見える伊江島にも次々に爆弾が落とされ、炎と黒煙に包まれた。知念さんは

「島が焦げていると思った」と話す。「それを見て本当の戦争だと分かった」

午後1時ごろ、空襲が一時的にやんだ頃を見計らって、泣きながら家に向かって山道を走った。「土手の下でずっと恐怖を感じていた。一日中隠れていたように感じた」。自宅にたどり着き、渡久地の上空に広がる黒煙と、燃え上がる伊《い》江《え》島《じま》を眺めた。幸い山の上の自宅は焼けなかった。

7人兄弟のうち4人は軍事工場などに徴用され、実家を離れていた。空襲時は祖父、父、母、兄2人と6人で暮らしていた。母以外の家族は外出していたが、夕方には全員が集まって無事を確認した。

次の日の夕方、集落の友人たちと空襲で焼けた渡久地の街を見ようと山道を降りた。衣料品屋や商店など、どの建物も柱だけになり、見慣れた景色は焼け野原になっていた。米屋があった場所からまだ煙が上がっていた。「すごく香ばしい匂いがした」と話す。

空襲時、土手に隠れながら炎に包まれる伊江島を眺めていた場所に立つ知念一郎さん

校舎もほとんど焼け、年末には授業もなくなった。学ぶ機会を奪われたまま、終戦を迎えた。戦後は小学校教員や大学教員として働いた。退職後も県内の小学校に出向き、平和教育活動を続けてきた。

「平和は努力しないと実現しない」。穏やかな時間が流れる渡久地の住宅地から静かに伊江島を見つめた。

II

沖縄戦から75年——生き延びた人々の足跡

沖縄戦 75 年

1. 奪われた土地、失われた村

激しい地上戦で4人に1人が犠牲となった沖縄戦の終結から2020年で75年を迎える。人々でにぎわったまちゃーぐゎー（商店）や農家が開拓した耕地は間断なく降り注ぐ艦砲と空襲、激しい地上戦で焦土と化し、県民は命だけでなく家屋や畑など多くの財産を失った。その後の米占領で接収された土地に基地が築かれ、故郷を失った人々は別の場所に暮らさざるを得なかった。戦後75年を経た今も多くの地域で土地が軍用地に奪われ、消えたままの集落がある。かつての住民は故郷に思いを寄せ、再興を望んでいる。軍用地の移り変わりや土地を奪われた各村の状況などをまとめた。

※米軍、住民排除し占拠　基地返還は33％にとどまる

1945年4月1日に北谷町《ちゃたんちょう》、嘉手納町《かでな》、読谷村《よみたんそん》へ上陸した米軍は民間地を占領して基地建設を強行した。72年の日本復帰前の米軍基地は県土の12・8％、沖縄本島だけで見ると20％に及んだ。その後返還は進んでいるものの、嘉手納基地や普天間飛行場、キャンプ・ハンセンなど主要基地は返還の見通しが立たず、戦後75年がたとうとしている今も、県土の8・2％、本島の14・6％を米軍基地が占める状態が続いている。

米軍は本島上陸のわずか4日後、45年4月5日に軍政府を設置し、沖縄の支配を宣言した。米軍は住民を収容所に強制隔離した上で、軍用地に必要な土地の接収を始めた。沖縄の基地は当初、極東政策上、特に重要とはされていなかったが、朝鮮戦争が始まったことなどから方針を転換した。基地の能力を強化し、沖縄は「太平洋の要石」と呼ばれるようになった。

52年4月28日にサンフランシスコ講和条約が発効し、日本は独立国として主権を回復したが、沖縄は本土から分断され、米国の施政下に置かれたままとなった。米国はこの後も、既に接収した軍用地の使用と新たな接収を正当化する布令を次々に発布した。中でも53年4月に発布した布令109号「土地収用令」は、地主に諾否を尋ねるものの、同意がなくても強制的に接収することができるという内容で、那覇市の安謝《あじゃ》や銘苅《めかる》、宜野湾市伊佐浜《いさはま》などでは武装兵が強制的に接収を敢行。「銃剣とブルドーザー」と呼ばれる米軍の凶行に、住民らは激しく抵抗した。

その後、軍用地料の支払いを巡る問題に端を発した「島ぐるみ闘争」などが起きたが、ベトナム戦争などを機に、米軍は基地の機能強化のため、新規の土地接収を続け、復帰前には約287平方キロメートルが基地となった。復帰後、軍用地は徐々に返還されているものの、軍事的要衝とされる基地の返還は見えない。96年12月には普天間飛行場の全面返還を含む11施設の返還が日米で合意されたが、政府が普天間飛行場の移設先とにらむ名護市辺野古《へのこ》沖は県民の反対や軟弱地盤に伴う工期の延長など、計画そのものの妥当性が疑われる事態となっている。

これらの結果、本土では60%の米軍専用施設が返還されたのに対し、沖縄では33・3%にとどまっている。国土面積の0・6%にすぎない沖縄に、全国の70・4%もの米軍専用施設が集中する状況となっている。

沖縄の米軍基地の変遷

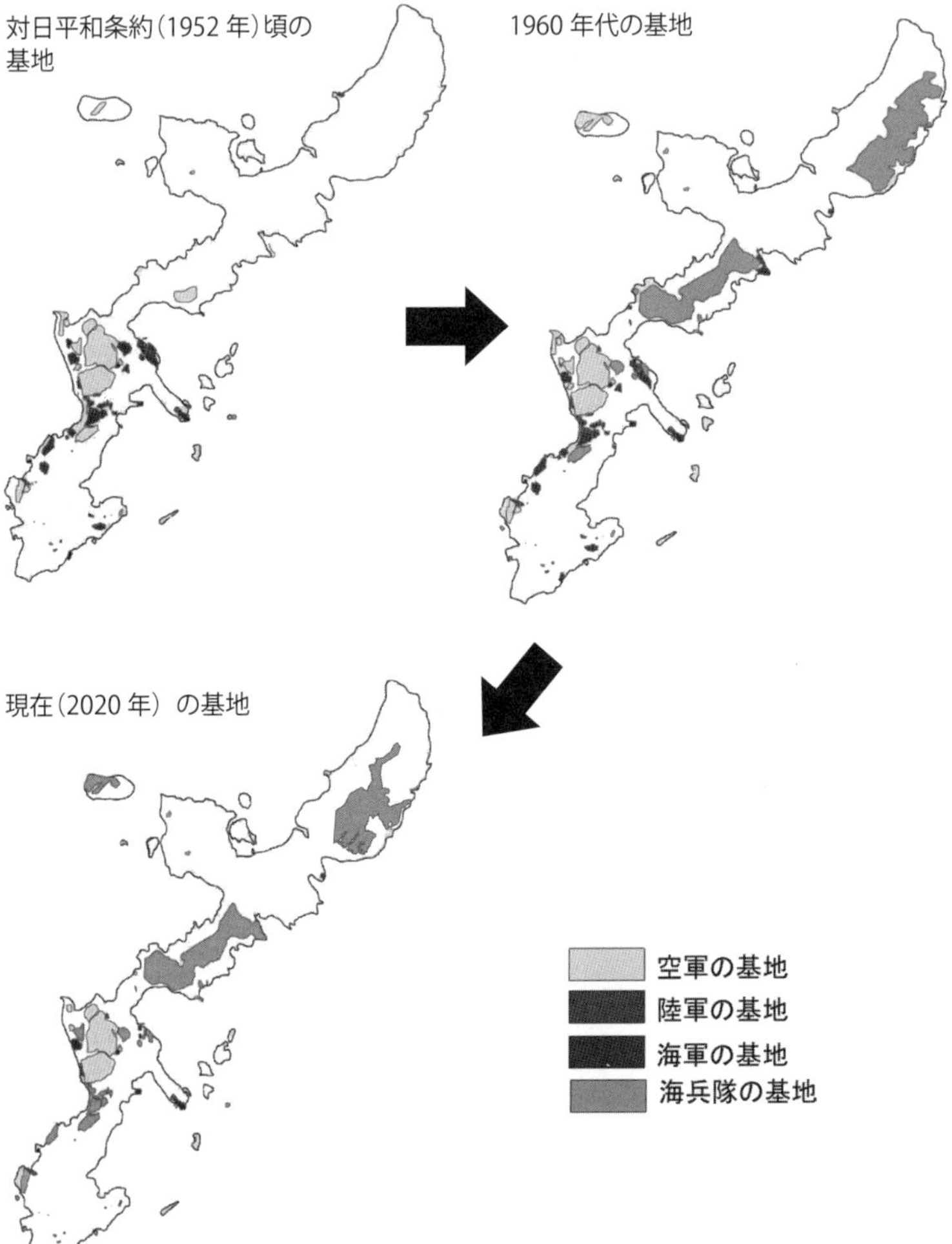
対日平和条約（1952年）頃の
基地
1960年代の基地
現在（2020年） の基地
空軍の基地
陸軍の基地
海軍の基地
海兵隊の基地

1960年代初期の主な米軍基地

ベトナム爆撃のために嘉手納基地に飛来した B52 戦略爆撃機＝1967 年 3 月 21 日

読谷村残波岬で行われたミサイル発射訓練＝1966 年

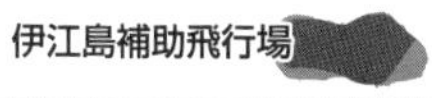
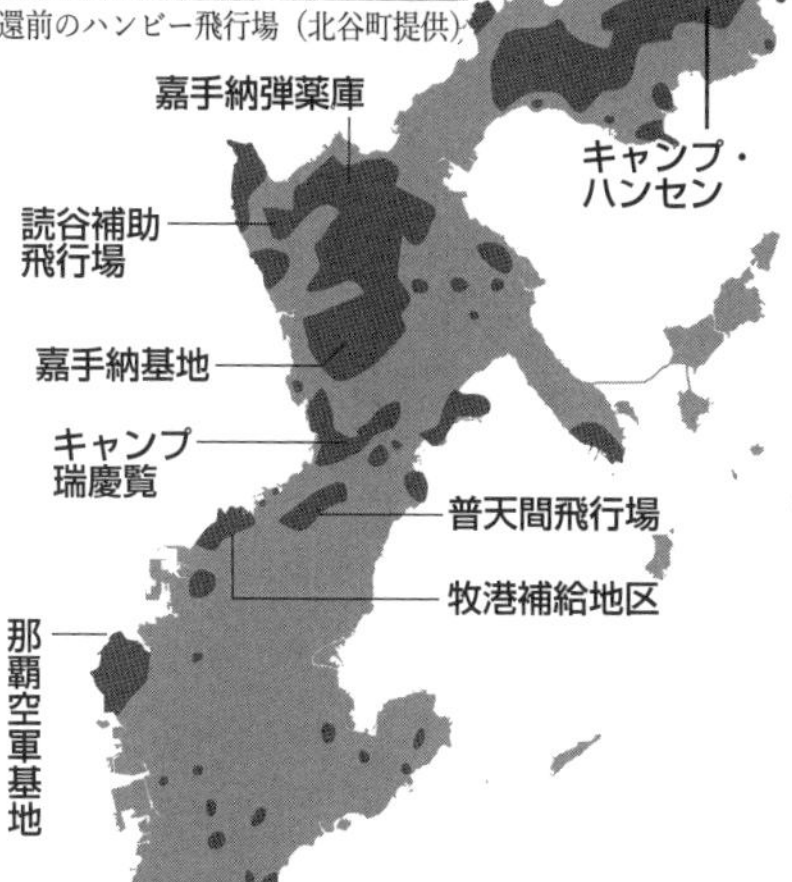

返還前のハンビー飛行場（北谷町提供）

海兵隊が実戦さながらの激しい訓練を行ったキャンプ・ハンセン＝1976 年

沖縄の日本復帰前、勝連村（当時）にあったメース B 基地。8 つある発射台の地下にミサイルが格納されている＝撮影時期不明

伊江島でパラシュート降下演習＝1970年12月20日

※基地周辺に新たな集落　中部中心に移転余儀なく

沖縄本島や周辺離島に上陸した米軍は住民を収容所に隔離している間、基地の建設を進めた。家があった土地や畑を米軍に奪われ、元の集落に戻ることもできなくなった住民は新たな居住地を基地の周辺に求めた。

生活の糧を失い、米軍相手の商売を始める人がいた。苦境を脱するため、海外に移住する人もいた。米軍による基地接収は多くの県民の人生を翻弄《ほんろう》した。

１９４５年8月の敗戦後、沖縄全域を占領した米軍は10月ごろから、収容所に送っていた住民に元の居住地への帰還を段階的に進めた。基地にかつての家屋敷を奪われた住民は出身地近くで一時的に居住し、戦後復興の歩みを始めた。

嘉手納基地や普天間飛行場、読谷補助飛行場などが建設された嘉手納町、北谷町、沖縄市、宜野湾市、読谷村などでは返還が進まず、基地に丸ごと飲み込まれた集落の住民は基地周辺に新たな集落を築かざるを得なかった。

１９５５年の強制接収で土地を奪われた宜野湾市伊佐浜の住民の中には、ブラジルに移住した人もいる。

返還は72年の日本復帰に伴ってようやく前進し、現在までに那覇市以南でほとんどの米軍基地がなくなり跡地利用が進んだ。中部では読谷村で補助飛行場などが返還された。北谷町も徐々に軍用地が縮小し、商業地域が生まれ、地域の活性化を促した。ただ同町はこの間に行政区を再編するなど基地形成によって大きな影響を受けた。

一方で極東最大の米空軍基地である嘉手納基地は、機能強化の一途をたどっている。北谷町下勢頭《しもせど》や嘉手納町野国《のくに》や野里など5字の土地は全て飛行場施設の下に沈み、沖縄市森根や宇久田など6字も同基地の敷地内に残されたままだ。

読谷村牧原も嘉手納弾薬庫内にある。拝所も基地内にあるため、一部の郷友会では年に1度基地内に入り、祭祀《さいし》を行うなど村の記憶の継承に取り組んでいる。

※米軍、本土決戦を見据え進攻　拠点構築、中南部に着目

米軍が沖縄を進攻したのは、その後の本土上陸を見据え、軍事拠点を造るためだった。

米軍はもともと台湾を攻略し、本土上陸の足がかりとするはずだった。ただ、フィリピンに基地を確保するめどがついたことから、目標を沖縄など南西諸島に定めた。

米軍は１９４４年10月に「45年3月1日までに南西諸島に拠点を置く」と定め、44年10月10日には沖縄本島などを空襲する一方で、地図作成のために本島を写真撮影し、45年4月1日の本島上陸に備えた。

その中で、米軍は本土攻略のための飛行場建設や物資集積場を構築するため、土地が比較的平らな本島中南部に着目した。そこに住む民間人を本島北部に収容し、中南部で軍事基地建設を進める方針を立てていた。

沖縄戦75年

【証言】①

栄えた農村、戦禍で一変

野国（嘉手納）出身・津嘉山 正弘さん（93歳）

北谷町から嘉手納町に向かう国道58号。右側には広大な米空軍基地が広がり、離着陸を繰り返す米軍機のごう音が響く。

フェンス越しに見える滑走路南端の一帯には戦前、北谷村（現嘉手納町）野国の村落が農業で栄えていた。

野国生まれで当時を知る津嘉山正弘さんは、「戦争と基地で全部つぶされてしまった」と消えてしまった故郷を思い、戦後75年となる今も戻ってこない現状に憤りをあらわにした。

野国は16世紀ごろから現在の嘉手納や水釜を含む「のくに」村として存在した歴史のある村落だった。津嘉山さんによると、戦前は農村として栄え、約60世帯が暮らしていた。津嘉山さんの父は広大な畑を所有し、サトウキビやイモの生産で生計を立てていた。自前の製糖小屋を持ち、馬を引いての搾汁《さくじゅう》を手伝ったことを覚えている。

しかし、戦で静かな村が一変した。

戦争に備え日本軍は１９４４年、現在の嘉手納町域の土地を接収し、中飛行場を建設した。農村に広がっていた畑に滑走路が整備された。

45年3月、18歳で召集され本島南部に向かった。銃弾が飛び交う戦場で、仲間を失いながらも生き延び、摩文仁《まぶに》村（現糸満市）で捕虜となった。最初に移送された収容所は野国だった。乗車するトラックから屋敷を探したが、石垣が全部つぶされ、家屋のあった場所にテントが張られていた。「家族も分からない。全てなくなった」。放心状態で眺めることしかできなかった。

それから金武の屋嘉《やか》収容所を経てハワイに送られた。約1年後の46年11月に沖縄へ引き揚げ、宜野座《ぎのざ》で家族と再会した。翌年には帰村への動きが広がり、嘉手納区の書記長など経て北谷村役場の土地調査員となり、嘉手納地域の測量に携わった。

野国の土地調査も担当し、自身の屋敷跡を確認した。変わり果てた故郷だったが「いずれは戻れる」と復興を信じ、自然と調査にも力が入った。

「またそこで暮らせると思っていた」と、戦争のつらい体験と故郷の野国地域へ帰れない悔しさを語る津嘉山正弘さん

あれから約70年。野国は自治会として復活が果たせないままでいる。「飛行場に全て取られた。屋敷跡は滑走路の下にあるんだろう。沖縄は戦場になっただけでなく、今も多くのものを失ったままだ」と嘆き、由緒ある地名がこのまま基地までも消えかねない状況に悔しさをにじませた。

沖縄戦75年

【証言】②

荒れた返還地、復興遠く

楚南(うるま市)出身・仲宗根 巌さん(89歳)

車1台が通るのがやっとというようなあぜ道を進むと、木々がうっそうと生い茂っていた。75年前、ここに集落があったとは想像さえできない。うるま市石川楚南《そなん》もまた、沖縄戦で米軍に強制接収され、集落が消えた。日本復帰前年の1971年に大部分が返還されたが、復興はほど遠い。楚南復興地主会の仲宗根巌会長は、「返還されたから良いという話ではない。人が住まなきゃ土地は死んだままだ」と憤る。

楚南集落には戦前、本集落と士族が流れ着いてできた屋取集落の91世帯、約300人が住んでいた。山あいの豊かな土壌はサトウキビの生育に最適で「製糖場が八つもあり、それはにぎやかだった」と懐かしむ。

「集落が復興するまで戦後は終わらない」と語る仲宗根巌さん。かつて生家があった場所で畑仕事を続ける

接収されたのは米軍が本島に上陸した直後。仲宗根さんと家族は近くのガマに隠れていたが、米兵に見つかり石川収容所へ。解放後も旧石川市内に住み着いた。

旧集落での畑作業は黙認された。「くわや肥おけを担いだ住民が隊列を組んで楚南に向かった」。午前8時ごろ、楚南に通じる軍道のゲートで憲兵に通行パスを見せて畑に入る。「午後5時に鐘代わりの高射砲弾の薬きょうが打ち鳴らされると終わり。とぼとぼと家に帰るのが悔しかった」

大部分は71年に返還された。ただ、楚南へ通じる唯一の大通りは接収されたままで、集落の再建はできなかった。復帰以前に返還されたため、復興を支援する法律の対象外だ。行政にも支援を要請しているがめどは立たない。

「父も母も、周りもみな、楚南に帰りたいと言って死んでいった」。今も週に3回、生家があった場所を訪れ、畑作業に汗を流すのは「先祖が汗水垂らして開墾した土地を捨てることはできない。農家はみんなそう」という思いからだ。「集落がよみがえるまで戦後は続く」。表情が一層険しくなった。

沖縄戦75年

【識者談話】

荒財産権無視した強奪

沖縄国際大学元教授・吉浜　忍さん

米軍による土地接収は財産権を無視した強奪だった。米軍基地の整備はかつての集落や耕地を分断し、戦後の復興に大きな影響を与え、住民は戦後75年となった現在も大きな被害を受け続けている。

土地接収の原形は既に米軍の占領時にあった。南洋諸島を攻略した米軍は次の進攻先として沖縄攻略の方針を決めた。日本を降伏させるため、日本本土進攻を視野に中継・出撃の拠点として沖縄に上陸して占領を図るアイスバーグ作戦を仕掛けた。

沖縄を基地化するという現れがニミッツ布告だ。上陸後間もなく出された基地展開計画で、将来の作戦を支援する前進航空基地として位置付け、行政権を停止し、米軍政府の管理下に置くことを宣言した。

このような軍事作戦と同時に展開したのが住民対策で、それが収容所だった。一部を中部に、大部分を北部に置いたのは何だったのか。住民を保護する意味もあっただろうが、主要な目的は戦闘や基地整備の邪魔にならないようにということがあったとみられる。戦後すぐに中南部一帯を軍用地化する計画があり、本土進攻がなくなっても、その後のアジアへの展開など想定しながら、沖縄から引き揚げるのではなく、最終的には永久的に確保する意図があった。

米軍政府は1952年の講和条約発効の前後に土地収用に関する布令を次々と出すが、地代が「コカ・コーラ1本より安い」と言われるなど法的根拠は理不尽なものだった。53年に出された土地収用令による接収に抵抗する伊佐浜や伊江《いえ》島などの抵抗が島ぐるみ土地闘争へと広がった。

復帰の要求として基地の全面返還を求めたが、日米安保条約で日本政府が基地を提供する形となり返還問題は複雑化した。ただ那覇市おもろまちや北谷町の基地返還後の振興で分かるように、基地は発展の阻害要因となっているのは明らかだ。

それぞれの御嶽や行事など集落で築き上げた文化も、基地によって失われることにもなる。現在、日本政府による軍用地の収用法（駐留軍用地特別措置法）があるが、本質は米軍の土地収用令と何も変わらないことは忘れてはならない。

2. 奪われた日　再生への願い―戦後75年県民の足跡

沖縄戦に巻き込まれた人々は、誰もが何かを奪われた。故郷、大切な家族、教育の機会……。戦後75年。戦渦を生き延びた人々に、今もなお残る「傷痕」に焦点を当てる。

❖戦禍に消えた故郷

宜野湾市・玉那覇　昇さん（83歳）

※平和な暮らしが一変

米軍機の調整音が鳴り響き、MV-22オスプレイやヘリコプターが上空を飛び交う米軍普天間飛行場がある宜野湾市宜野湾。この地にはかつて道行く人を日差しから優しく守った松並木の街道「宜野湾並松（じのーんなんまち）」やウマハラシー（琉球競馬）でにぎわった「宜野湾馬場」があった。同じ井戸の水を

米軍普天間飛行場内にあるかつて暮らしていた実家の場所を示す玉那覇昇さん

分け合う人々が肩を寄せ合い暮らしていた。

「緑の中での平和な暮らしが一切合切なくなった」。宜野湾で生まれ育った玉那覇昇さんの故郷は１９４５年の沖縄戦で戦場と化し、米軍に土地を奪われた。戦後75年、ずっと奪われたままでいる。

玉那覇渡賀さん、カマさんの次男として１９３６年5月、宜野湾で生まれた。実家は集落の東側。今では基地フェンスのすぐ内側だ。かつて屋敷内には畑や豚小屋もあり、周りはユウナやアカギなどたくさんの木に囲まれていた。子どもだった昇さんは木に登ったり、鬼ごっこをしたりして遊んだ。

戦前は宜野湾国民学校に通っていた。馬場のすぐ近くに学校はあり、集落内を歩いて登校した。「じのーん（宜野湾）は碁盤の目のように道が通っていた」と振り返る。校舎前に着くと一礼して入った。御真影のある奉安殿に向かって頭を下げていたと知ったのは後のことだった。

既に戦時下だった当時、学用品などは簡単に手に入らない時代だったが、大工の棟梁だった渡賀さんは昇さんのために木を切って勉強机を作ってくれた。「うれしかった」。記憶は今も鮮明に残っている。

44年、戦争に備えて校舎には日本軍が駐留した。昇さんたち児童は集落内の水源ウフガー（産湯《うぶゆ》に使った大井戸）近くの仮小屋で勉強した。翌45年2月、日本軍は「宜野湾並松」の伐採を命じた。米軍の上陸を見越し、倒した木で米軍の進路を妨害するためだ。3月中旬になると「米軍が上陸してくる」と言われ、多くの住民が自然壕に隠れる中、昇さん一家も周辺住民と「松川」というガマに隠れた。昇さんは一歩も外に出ず、何日入っていたのかも分からない。「ドーン」。爆音が鳴り響いた。故郷は戦場となった。

※母の「死ぬならみんな一緒」の言葉で命拾い

沖縄戦が始まり、玉那覇昇さんらは宜野湾集落内にある暗いガマ（自然壕）の中で何日も過ごしていた。一歩外に出れば戦場。ガマの中にもいつ米兵が入ってくるか分からない。45年4月のある日、極限状態で父の弟が「昇を連れて逃げる」と言い出した。「ならん。亡くなるならみんな一緒」。母のカマさんの言葉で昇さんは命拾いをした。

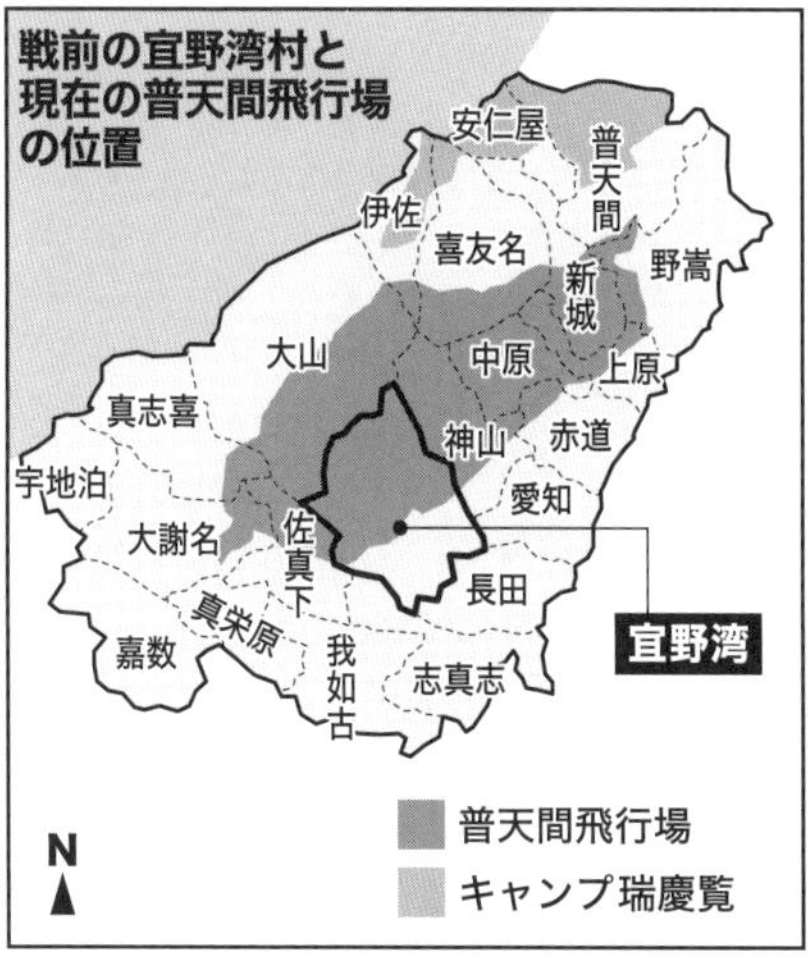

宜野湾の集落内にはいくつもガマがあった。そのため、一部の住民は今帰仁村などへ避難を始めたが、多くは集落に残った。昇さん一家も同様にガマ「松川」に逃げ込み、10家族50人ほどと同居していた。

食事は父の渡賀さんがガマと家を往復して準備した。何日も生活する中、内部の衛生状況は悪化し、昇さんは「体のあちこちがノミとかシラミだらけになった」。この苦境から脱しようと考えた叔父はガマを出ようと呼び掛けた。叔父は1人でガマを出たまま帰らぬ人となった。昇さんは母の言葉で助かった。

4月上旬。「出て来なさい。誰も殺さない」。ガマから出てくるよう呼び掛ける声が響いた。日系人の米兵だった。昇さんらはみな動けず暗闇の中で顔を隠してうずくまっていた。入ってきた米兵に1人ずつ顔を上げるよう求められた。昇さんも顔を上げ、米兵はそのままガマの奥に進んだ。「バーン」。銃声が響いた。後日、同じ玉那覇門中のおじいさんが銃殺されたことを知った。逃げようとした住民も撃たれ、同じガマの中にいた少なくとも4人が亡くなったという。

戦後、野嵩収容所に移された住民の多くが元の宜野湾集落近くでの居住を許されたのは、1947年だった。元々の集落は米軍普天間飛行場の用地となっていた。

実家があった場所に立つ昇さん。「屋敷の跡だけが残っていた。全部焼けて無くなっていた」。周辺には航空機の残骸が放置され、住むことは許されなかった。

＊「屋敷で静かに暮らしたい」　普天間の返還実現せず24年

住民の財産である宅地や畑を奪い建設された米軍普天間飛行場。米軍は「すぐに出て行く」と早期返還をほのめかしていたといい、住民も元の集落に戻れると信じていた。しかし、土地は返されぬまま時が過ぎていく。

1947年、宜野湾集落の住民はかつての集落と軍道（現国道330号）の間にある現集落への居住が許可された。基地内の黙認耕作地に通えたことなどが理由だった。住民はこの時も返還を見込んでいた。

実家を奪われた玉那覇昇さんの一家もそうだった。新たな集落で土地を割り当てられた。住民同士で協力し、放置された野戦用のテントの切れ端などを使って小屋を建てた。集落に戻るまでの仮の家のつもりだった。

60年、普天間飛行場の管理権が海兵隊に移って以降、基地機能は強化され、住民排除が進んでいく。基地との間にフェンスが張られたのは63年だった。字宜野湾の69%が軍用地となった。その後も集落近くにあるゲートから耕作地に入ることはできたが、復帰を前にした70年、閉鎖された。

「勝手に来て、勝手に造って」と怒りを隠さない昇さん。住んでいた屋敷があった土地は倉庫などの施設が建てられた。その様子はフェンスの外からも見える。

再現された地図で宜野湾集落について語る玉那覇昇さん＝宜野湾郷友会事務所

簡単に立ち入れない故郷だが、年に1度、ウフガーを清掃する旧暦6月の伝統行事カーサレーの時に立ち入りが許可される。その際、昇さんら玉那覇門中は管理する「インガー」を清掃し、生活に欠かせない水をきれいに保っている。

現在は基地のフェンスから約２００メートルほどの場所に自宅を構えている。96年4月、59歳の時に飛び込んできた日米両政府の全面返還合意のニュースに喜んだが、それは今も実現していない。２００４年の沖縄国際大学米軍ヘリ墜落事故で不安が膨らんだ。

普天間飛行場の移設に伴う名護市辺野古《へのこ》での新基地建設は工期が長引き、完成は２０３０年代とも言われる。仮に完成しても普天間飛行場が直ちに返される訳ではない。このままでは戦後100年の時を迎えても土地は返っていないかもしれない。昇さんは「普天間の危険性を放置している政治の怠慢だ。国民を危険にさらしている」と憤る。

地元で暮らし、教員を務めながら平和教育に力を入れてきた。宜野湾郷友会の三代目会長も務めた昇さんは一日も早い返還を求める。「コンクリートだらけの基地ではなく、緑に囲まれた屋敷で静かに暮らしたい」

❖山林、大木が生き証人　思い出す海の匂い

旧北谷村下勢頭区・喜友名　朝徳さん（84歳）

奪われた日　再生への願い
戦後75年　県民の足跡

※消えた「アシビグニ」

高台にある集落の事務所から西側を見下ろすと、読谷から浦添の牧港まで眺望が開け、いつも船が行き交っていた。水面は光り、背が伸びたサトウキビの上から軽便《けいびん》鉄道の煙がもくもくと上がる。本土へ向かう大型の船が通ると、事務所に集まった古老らは姿が見えなくなるまで「だんじゅかりゆし」を歌い、航海の安全を祈った。

「昔はね、海の匂いが今とは違っていたんだよ。1週間前のことは忘れても、今でもはっきりと浮かん

でくるよ」

喜友名朝徳さんは75年前の古里の景色、匂いを一つひとつ思い出すように語る。

喜友名さんの古里は旧北谷村の下勢頭区で、首里の旧士族がつくった屋取（やーどぅい）の集落だった。当初は浜川集落に属していたが、1920年に分離独立した。のどかな農村だった。サトウキビを中心とした作物が育てられ、住民はサツマイモを食べて生活した。下勢頭は「アシビグニ」と言われるほど芸能が盛んな地域で、アシビナー（遊び庭）や事務所で狂言や歌劇、踊りが披露され、村の人々の娯楽となっていた。

嘉手納基地内にある旧集落の跡地に建てられた「あしびの御神」の入魂式に出席する下勢頭郷友会の役員ら＝2001年7月「下勢頭誌」から

45年4月、沖縄本島への米軍上陸とともにのどかな暮らしは一変する。米軍上陸直後、下勢頭の人々のほとんどが現在の沖縄市山内にあった壕などへ避難を余儀なくされた。

喜友名さんは当時10歳だった。米軍上陸直後の4月2日ごろ捕虜となり、その後、宜野座村福山の収容所へと連れられていった。「もう下勢頭には帰れないだろうな」。米軍のトラックに乗せられながら感じたむなしさは今でも忘れられない。沖縄戦から75年がたつ今も、古里は米軍嘉手納基地の中だ。

喜友名さんによると、終戦直後、住民らは旧集落に出入りし、屋敷跡を見に行ったり、畑でイモを取ったりしていたこともあった。しかし、朝鮮戦争などを契機に規制が厳しくなり、60年代にはフェンスが張られ、自由に出入りができなくなった。

今も金網を隔てた向こう側にある古里。135戸が暮らした集落は米軍のハウジングエリアへと姿を変え、先祖の墓も基地外へと移転させられた。わずかに残る面影はアシビナーなどに残されたわずかな山林や大木だ。

喜友名さんは「下勢頭誌」の序文で返還後を見据えて、こう願いを込めた。「我が下勢頭の土地が返還された後も、『生き証人』となるこれらの大木、山林を守らなければならない」

❖若い世代へ古里継承

旧北谷村下勢頭区・花城　可保さん（73歳）
喜友名　朝徳さん（84歳）

奪われた日 再生への願い
戦後75年 県民の足跡

※行事続け、心一つにつながる

北谷町上勢頭に建つ「下勢頭郷友会館」。1980年代に建てられた会館内には、戦前に使われていたかめやかごなどが展示され、戦前の下勢頭の姿を描いた絵が壁に掛かる。この会館と今も伝承されている年中行事が、下勢頭の人々が団結し、絆を確かめ合う源となってきた。

沖縄戦後、古里が米軍嘉手納基地に飲み込まれた下勢頭の人々の多くは、沖縄市や北谷町内の別の地域に移り住んだ。集落の行事なども途絶えたが、1950年に集落出身者の有志で「ニングヮチャー」（二月祭）を復活させた。その後、かやぶきの集会所が建設され「字下勢頭会」として郷友会の歩みが始まった。77年に「下勢頭郷友会」と名称が変更された後も、行事を毎年欠かさずに続けてきた。

嘉手納基地内にある集落が見渡せる場所に建てられた下勢頭郷友会の合祀所から元の集落の場所を見下ろす喜友名朝徳さん（左）と花城可保さん

現在、郷友会に所属する世帯は345世帯で、戦前と比べると2倍以上となり、会員も約1200人に増えた。だが、戦後に分家などが進み、古里から遠く離れて住んでいる人も多く、郷友会に入らない若い人も増えてきた。高齢化も進んでおり、時がたつにつれて共同体意識は次第に薄れているという。

「戦前よりも人の数は増え、郷友会館も建てて、行事もたくさんやってきた。しかし、若い人に郷友会の意識がなければ、会員がどんどん減って衰退していくのではないか」。同郷友会の花城可保会長は危機感を募らせる。

花城さん自身も戦後生まれ。戦前の下勢頭のことは知らないが、親の世代から古里の話を聞いて育ってきた。「行事を続けることで、心を一つにしてつながっていける」と信じ、若い世代へと古里が語り継がれることを願う。現在は、若い会員らが中心となって、基地内にある下勢頭集落を訪れる「ふるさと探訪事業」を始めるなど、古里の絆を受け継ごうと試行錯誤を続けている最中だ。

嘉手納基地を見下ろす小さな丘に、下勢頭郷友会の合祀《ごうし》所と遥拝所がある。郷友会の人々は、下勢頭に点在している9カ所の神を合祀し、この地から遥拝（御通し願い）してきた。

「あそこがアシビナージー（遊び庭近くの岩）だと思う」。２０１９年12月18日、戦前の集落の姿を知る喜友名朝徳さんと花城さんが合祀所を訪れ、集落のあった方向を見つめて感慨深そうに語った。

戦後75年、古里を接収された下勢頭の人々は、フェンスの隔たりから解き放たれる日を思い浮かべつつ、文化や共同体意識を守ろうと活動を続けている。

❖せめてウタキに入れるように

読谷村牧原・町田　宗益さん（88歳）

奪われた日　再生への願い
戦後75年　県民の足跡

※地域の拠点　行き来願う

琉球王府が所有する牧場を士族に開放して形成された読谷村牧原。戦後は米軍基地にその地を奪われ、住民の心のよりどころだった拝所「チチェーンヌウタキ」は現在の嘉手納弾薬庫のフェンス内にあり、自由に立ち入ることができなくなった。基地に翻弄《ほんろう》され続けた住民らは、「戦争さえなければ」と口をそろえる。

牧原で生まれ育った町田宗益さんもその一人だ。集落北側にあった生家の屋号は「水車勢理客《じっちゃく》」。その名の通り、家のすぐそばに水車があり、祖父は製糖作業に使用した。宗益さん家族はサトウキビやイネを作り、ブタやヤギも飼った。チチェーンヌウタキでは拝みのほか地域行事を催しており、宗益さんも「みんなで集まった」と振り返る。

父の宗長さんは運送の仕事もしていたようで家には馬小屋もあった。45歳を前にした宗長さんは1945年3月26日の慶良間諸島への米軍上陸を前に召集された。住民の多くが国頭村浜に逃れていたが、妊娠していた母のウシさんと5人の子どもだけとなった宗益さんら家族は避難が遅れた。

「チチェーンヌウタキに入れるようにしてほしい」と訴える町田宗益さん

宗益さんらはウシさんの姉が暮らす石川の前原を経て、久志《くし》村三原の山に身を潜めて戦争の終わりを待った。避難生活が進むにつれて食料は底を尽き、浜比嘉島《はまひが》（うるま市）に逃れることを決めた。そこではイモなどの食料にありつけたが、当時まだよちよち歩きだった一番下の妹・ツル子さんは衰弱しきっていた。「特にやせていた。自分たちも歩くのがやっとだったが……」と振り返る宗益さん。ツル子さんは間もなく息絶えた。宗長さんも南風原《はえばる》での目撃情報を最後に帰らぬ人となり、遺骨も見つかっていない。

牧原では戦前、土地を所有する製糖会社と小作契約を結んだ住民が畑を耕し、居を構えていた。終戦とともに土地は米軍が強制接収した。米統治下では農地改革が適用されず、住民に居住地や耕作地が払い下げられなかった。

土地を追われた牧原住民は60年代から村比謝、伊良皆にまたがった地域を中心に集落を形成した。宗益さん家族も新たな地に移り、戦後しばらくは旧牧原地内で茶を栽培するなどして生計を立てた。

基地内のウタキもかつては自由に出入りできたが、２００１年の米中枢同時多発テロ発生後はそれもできなくなった。今では旧集落の存在すら知らない村民も増えている。「せめてウタキに入れるようにしてほしい」。宗益さんは切に願っている。

❖ノロの祈り、次世代へ

北谷町吉原・島袋　順子さん（62歳）

奪われた日 再生への願い
戦後75年　県民の足跡

※行事を守っていくしかない

激しい地上戦とその後の基地建設は住民から土地を奪っただけではなかった。土地の上で代々営まれていた伝統儀礼が戦争によって形を変えた。

旧暦の12月１日となった２０１９年12月26日朝、北谷町吉原の民家の一角にある建物で、島袋順子さんが水、酒を供え、準備を整えた。那覇から移り住み、この地で暮らすようになって30年余。旧暦1日、15日には、この小屋で祭壇とヒヌカン（火の神）に手を合わせ、拝んできた。「ヤナムン（災厄）をはねのけてください。平安山《へんざん》の地域を守ってください」

島袋家にあるのは「平安山ノロ殿内」。琉球王朝時代、聞得大君を最高神女として各地を治めたノロの屋敷跡にあたる。平安山ノロは戦前、北谷村の平安山、桑江、伊礼、浜川、砂辺を管轄していた。

平安山ノロ殿内はもともと吉原に置かれていたのではない。現在の北谷町伊平にあったノロ殿内の敷地が米軍に接収され、その後は移転を繰り返した。現在の場所に移って約40年がたつ。ノロ殿内にある1枚の写真には集落の人々が集まる様子も収められている。戦前は地域の人々が集まる場所でもあった。

平安山ノロ殿内の年中行事を守る島袋順子さん

祭祀の担い手であるノロ職の担い手も戦争によって失われた。現在、平安山ノロ殿内を守り、行事を継いでいる島袋さんはノロの後継者ではなかった。平安山ノロは沖縄戦で亡くなり、血縁は途絶えてしまった。

戦前、ノロ職を務めていたのは島袋カナさん。沖縄戦当時80代だったという以外に記録は残っていない。そのカナさんも『北谷町史』などによると、戦時中、墓の中に逃げたが艦砲射撃に遭い、亡くなったとされる。

「守っていくしかない。（行事の意味を）なぜ、と考えていると前に進まない」。拝みを終え、顔を上げた島袋さんが語った。

平安山ノロに養子として迎えられた家系である島袋家の男性と結婚したのは、1984年のことだ。戦前のノロの行事を覚えていた叔母・比嘉ヒロさんに教わりながら、一つずつ覚えていった。その比嘉さんも2018年、99歳で亡くなり、今は島袋さんが中心となって行事を行う。現在も平安山ノロ殿内には拝みに来る人が後を絶たない。

島袋さんは「昔と比べると行事も簡素化していると思うし、一つひとつの意味も分からない。拝みに来る人がいるのは地域の守り神ということなのだろう。できる範囲のことをみんなでやっていきたい」と語った。

戦争によって一度は消えかけた村の伝統儀礼。昔の形に再生するのは困難が伴う。ノロが担ってきた行事を次世代へつなごうと、大切に守り続けている。

❖家族全員を戦争で奪われて

糸満市・大城　政子さん（79歳）

奪われた日　再生への願い　戦後75年　県民の足跡

※母の命奪った銃弾の傷痕は今も残る

「けがをして久志の野戦病院にいた」。沖縄戦当時4歳だった大城政子さんは戦時中の記憶はおぼろげで、覚えているのは終戦間際に久志村（現名護市）の米軍野戦病院で治療を受けたころからだ。

一緒に暮らしていた家族全員を戦争に奪われ「顔も覚えていない」。母のヨシ子さんは政子さんをおぶって戦場を逃げまどい、銃弾に倒れた。銃弾は政子さんの体にも傷痕を残した。

1940年8月、小禄村で上原太郎さんとヨシ子さんの長女として生まれた。父方の祖母、曽祖母、妹の6人で暮らした。太郎さんは農業を営み、自宅では豚を飼っていた。

身を寄せ合って暮らしていた家族を戦火が襲った。44年の10・10空襲、家族は母方の家にあった防空壕に避難した。自宅は全焼したが、全員一命を取り留めた。

だが、戦争は容赦なく政子さんの家族を奪っていった。妹と曽祖母は米軍上陸前の空襲で亡くなった。太郎さんは召集され、海軍に所属すると南洋群島に派兵された。後に現地で戦死したことを知らされたが、遺骨も拾えず、その地の石だけを持ち帰った。

「寒いと痛む」という沖縄戦で負った右膝の傷痕を見せる大城政子さん

45年4月1日の米軍の本島上陸後、政子さん一家は母方の家族と一緒に豊見城城址近くの防空壕に身を隠した。6月ごろ、南下してきた米軍に見つかった。
「出てこい」。片言の日本語を叫びながら米兵が壕の中に入ってきた。中にいた住民は別の出口から逃げ出したが、米兵の銃撃が始まった。弾は政子さんをおぶっていたヨシ子さんを襲った。弾はそのままヨシ子さんの体内に残り、その命を奪った。

「私の足を抜けて母の体で止まったかもしれない」。政子さんの両足には傷痕がある。右膝は爆弾の破片によるものとみられる傷痕で、左のふくらはぎ辺りには弾が貫通した痕がある。母の命を奪った痕跡は今も自身の体に残っている。同じころに祖母も亡くなった。

沖縄戦で政子さんは家族全員を失った。家族を失った後の記憶は今も鮮明に残っている。

※学校に行く夢、よく見た——中学生になれずに奉公へ

大城政子さんは野戦病院で治療を受けた後、母の妹や母方の祖父母と暮らしていたが、小学4年になるとフィリピンから引き揚げてきた父方の祖父の家族と小禄村で暮らした。いつも周囲には親族がいたが「お祝いとかで親族が集まると帰りは一人。一番寂しかった」

そのころ再婚した祖父には政子さんよりも小さい子が2人いた。「3歳のおじさんをおんぶして学校に行ったよ」。1950年ごろのことだ。働く祖父らに代わり、小さなおじたちの面倒を見た。学校が終わると畑仕事や家事を手伝った。

一緒に暮らす祖父に経済的な負担はかけられない。小学校を卒業して働くことは戦後間もない時期の沖縄では珍しいことではなかったが、同級生の多くは中学に進んだ。「中学校には行きたかったが、小さな子どももいたから……」と政子さんは振り返る。

戦争のせいで戦後は教育を受ける機会を奪われた。愚痴もこぼさず、ただひたすら前を向き、身を粉にして働いた。13歳から那覇の親戚が営む靴屋に奉公し、18歳になるまで働いた。その間、給料のほとんど

は祖父に送った。

奉公を終えると、けがをした祖父の面倒を見るため小禄に戻り、祖父家族と暮らした。畑仕事をしたり、小禄から奥武山《おうのやま》あたりまで野菜を売って歩いたりした。朝から晩まで休むことなく働いた。

くたくたになって床に就くと、よく夢を見た。「学校に行って勉強していた」。戦争によって狂わされた政子さんの少女時代。夢の中では自由だった。

戦後、一緒に暮らす祖父（右）家族に囲まれる大城政子さん（中央）＝1950年ごろ、旧小禄村（大城さん提供）

その後も親戚の靴屋や銭湯を手伝った。結婚したのは26歳のころ。それからは糸満で暮らし、5人の子ども、13人の孫、2人のひ孫に恵まれた。

政子さんはつらい戦後の記憶と向き合ってきたが、下を向いて暮らしているわけではなかった。「大変とは思わなかった。働くのも好きだったから」と気丈に語る。結婚後も子育てをしながら、農作業に精を出した。

「うらやましいと思うこともあったけど、誰も恨んでない。精いっぱい生きた」。戦後、中学に通えず、周りをうらやむこともあったが、懸命に生きてきた自らの人生は悔いていない。今は多くの子や孫らに囲まれ、新しい夢を見るだけだ。「孫たちのためにも戦争のない平和な世になってほしい」

❖栄養失調と熱病で失明

沖縄市・安慶名　貞子さん（80歳）

※涙と一緒に落ちた塊二つ

沖縄戦は多くの死者と負傷者を出しただけでなく、戦後の食料不足や不衛生な生活環境によって、一命を取り留めた人たちをさらに苦しめ、多くの障害者を生んだ。沖縄県生活福祉部がまとめた「障害福祉白書」によると、戦後当時の身体障害者は約1万人と推定される。

視覚障害がある安慶名貞子さんは戦後の収容所生活で、栄養失調と熱病の治療が受けられなかったことが原因で失明した。「二度とあんな苦労はしたくない」と振り返る。

1939年7月、旧具志川《ぐしかわ》村（現うるま市）具志川で生まれた。沖縄戦当時は6歳。空襲で自宅が真っ赤に燃える様子をはっきり覚えている。父親におんぶされ、山中を逃げ回ったこともあった。北部を目指して歩いていた時に見た飛行機は黒い煙を出していた。「空を見ながら姉たちが『私たちは殺されるよ』と話していた」。自宅近くに掘った壕で家族や親戚と共に身を隠している時、米軍に捕らわれた。旧金武《きん》村（現宜野座村）惣慶《そけい》の収容所に送られた。

収容所に送られた当初は食料がほとんどなく、ソテツの幹を食べて生活していた。栄養失調の状態が続く中、45年の夏ごろ、夜になると目が見えにくくなっていることに気付いた。その後、熱病にうなされた。

医師は近くにおらず、戦前「はり・きゅう師」をしていたという父の友人を収容所に呼び、診てもらった。「熱を冷ます治療法として、お湯につけたタオルを目に当てなさい」

周りの大人は父の友人の言う通り、高温のタオルを安慶名さんの目にかぶせ、何日も寝かせた。「熱いよ、熱いよ」。泣きわめき、何度もタオルを振り払った。

「泣きながら、涙と一緒に何か塊が二つ、落ちたように感じた」。それから何も見えなくなった。

その後も、収容所内の医師はホウ酸水を目に入れる処置しかしなかった。別の医師が来るという情報を聞くと、すぐに診てもらったが「栄養失調が原因だ。治らない」と言われ続けた。

しばらくして具志川の自宅近くの親戚の家に身を寄せ、すぐに両親と眼科に駆け込んだ。医師の一言に言葉を失った。「あと10日早かったら治ったのに」

その場で泣き崩れた。暗闇の世界で、もう二度と光を感じることはなかった。

失明する前に見た戦時中の街の様子や米兵の顔を覚えているという安慶名貞子さん

父は、適切な治療ができる医師にすぐ連れて行けなかったことや医師ではない友人に見せたことをずっと後悔した。酒を飲むたびに娘を抱き締め、「すまなかったねー、貞子」と涙を流すようになった。

「私はもう諦めていたけど、泣いて謝る父がかわいそうだった」。父の姿を思い出しながら、安慶名さんは言葉を絞り出した。

※見える人に負けるもんか――夫婦で指圧師40年余

沖縄戦の後、栄養失調と熱病の治療が受けられず失明した安慶名貞子さん。戦後、教育の機会も奪われた。那覇市にあった県立盲聾《ろう》唖《あ》学校の校舎は戦争で焼失した。学校の再開は敗戦から6年後の1951年だった。

当時は、体に不自由がある家族を自宅の敷地内に隠す家庭も多かった。安慶名さんの父親も「娘を周囲の見せ物にしたくない」という思いが強く、学校が再開した後も安慶名さんが19歳になるまで入学させなかった。

外出する時は隠れるように移動した。

「きょうだいの運動会に行ったときも、後ろの方からしか見せてもらえなかった。何で私だけ前に出さないのかと思い、徐々に内気になった」

学校から何度も募集の呼び掛けがあったが、父親は断り続けた。学生生活を夢見ながら、18歳まで近所の子どもたちの子守に明け暮れた。

「ずっと学校に通いたかった」。そう振り返るが、子守をする生活は苦ではなかった。「友人が外に遊びに連れて行ってくれた。子守をした子どもたちの親からも励まされた」

親戚の影響でキリスト教の集会に参加するようになり、視覚障害者向けの点字の聖書があることを知った。ある日、盲学校で点字を学べることをラジオで聞いた。学校に行きたい、聖書を読みたいという意志が強くなった。

マッサージ店の開業に向けて準備を進めていたころの安慶名貞子さん＝1963年1月

「盲学校で点字を習いたい」。父親を説得し、19歳で那覇市首里にあった「沖縄盲ろう学園」に入学した。自宅を離れて寮生活をしながら、3年間の学生生活を謳歌《おうか》した。「最初は文字の書き方も分からず難しかったが本当に楽しかった」。点字を習得し、あん摩マッサージ指圧師の資格を取得した。

卒業後、那覇市のマッサージ店で1年間勤務した。63年、同僚で全盲の永吉さん（84歳）と結婚。同年、２人でコザ市にマッサージ店を開業した。「見える人に負けるもんか。目じゃなく手で仕事をするんだ、という気持ちで働いた」。２００４年の大みそかに、40年余り続けた店の看板を下ろした。

「見えなくなったことで後悔することはなかった」と語る。家事や外出もひとりでこなした。「料理も自分で作った。つえ1本でどこまでも行った。目が見えないという感覚がなかった」

現在は子ども3人、孫8人、ひ孫3人に囲まれてにぎやかな日々を過ごすが、戦争がもたらした悲劇を忘れることはない。「戦争さえなければ、目が見えていたら、友達と同じように普通校で学ぶことができたのに」

米国と中国、イランの対立など、不安定な国際情勢のニュースがテレビの音声を通して耳に入る。「怖い。自分の子や孫たちに同じ苦しみを味わってほしくない」と不安を感じる。

「二度と戦争をしてはいけない」。ひ孫をぎゅっと抱きしめた。

❖結婚するも子どもはつくらず

糸満市（旧兼城村）・大城　勲さん（77歳）

※戦争孤児の思い、させたくない

戦争に家族を奪われ、つらい子ども時代を過ごした記憶は未来の家族も奪った――。兼城《かねぐすく》村波平（現糸満市北波平）で生まれた大城勲さんは、沖縄戦で両親を失った。「同じ思いをさせたくない」。戦後、結婚はしたが子どもをつくることをためらうしかなかった。

1942年8月に生まれ、沖縄戦当時は2歳。戦時中の記憶はなく、異母姉や親戚から話を聞かされた。父の良健さんは開拓先のフィリピンで徴兵され戦死した。沖縄にいた母・カマドさんと弟、父方の祖母も戦争で亡くなった。戦後、異母姉らと弟の4人で越来村嘉間良の収容所に連れていかれ、弟はそこで亡くなった。戦後すぐはおじ宅、その後は2人の異母姉と実家で暮らした。

大城さんが6歳になった48年、父と共にフィリピンに行っていた21歳年上の異母兄が帰ってきた。片腕を失い、農作業にも苦労した兄は助けが必要で、大城さんは「片腕の代わりになった」。朝から畑仕事を手伝い、学校から帰るとまた手伝った。夜はイモをふかし、カズラなどはブタやヤギに与えた。懸命に家の仕事を務めたのに、大城さんが食べるのはいつも最後で冷えた物だった。

「甘えることも、せがむこともできなかった。いつも説教ばかりで褒められたこともない」。兄の子ども

沖縄戦で孤児となり「子どもに同じ思いをさせたくなかった」と語る大城勲さん

は12人。それでも大城さんが行けなかった修学旅行に、年齢の近いいとこは行っていた。「何で自分だけ……」

厳しい境遇にある大城さんを見かねた母方の祖母が施設に入れるよう求めたが、兄は聞く耳を持たなかった。

夜遅くまで働いた大城さんは、「学校ではずっと寝ていた。だから友達もできなかった」とつぶやく。

中学に上がると、那覇港の桟橋で働くことになり、稼ぎは兄に渡した。卒業後は農林高校に行きたかったが、行かせてもらえず那覇市天久で修理工見習いとして住み込みで働いた。23歳から、当時は給料が良かった米軍基地内で勤務した。「カメジロー（瀬長亀次郎氏）ファンだったが、面接で『自民党支持』とうそをついた」と笑う。

30歳になると結婚。当時、ベトナム戦争真っただ中で、在沖米軍基地は攻撃のために使用されていた。「戦争に巻き込まれ、自分の子が孤児になるかもしれない」。妻と相談し、子どもはつくらないと決めた。自分と同じ思いをさせたくない一心だった。

その後は米軍基地も辞め、タクシー運転手などを務めた。妻が他界した今はまた1人暮らしになった。

「戦争の始まりは人間の欲望。沖縄に基地がある限り、沖縄は平和にならない。日本はまた戦争に向かうかもしれない」。つらい記憶を残した戦争の拒絶感は今も大城さんを貫く。

❖焼け野原からの再出発

豊見城市・保栄茂の大豊年祭

奪われた日
再生への願い
戦後75年　県民の足跡

※ハワイから贈られた生地を衣装に

6年に1度、卯《う》年と酉《とり》年の旧暦8月15日に開かれる豊見城市保栄茂《びん》の大豊年祭。300年以上の歴史がある「巻ち棒」や伝統芸能が披露され、集落は活気にあふれる。

一連の行事の発祥地とされる「上宜保」で子どもたちが披露する奉納舞踊「四季口説《くどぅち》」の衣装は、赤地に黄や緑の葉の模様がついた鮮やかな柄でひときわ目を引く。この衣装には沖縄戦後、集落の祭りを再生させ、守り継いだ保栄茂の人々の歴史が詰まっている。

1945年4月19日、晴れ渡った空から米軍機が保栄茂の集落に襲いかかった。集落に爆弾を次々と投下し、超低空でガソリンをまいて、焼夷《しょうい》弾を落とした。「保栄茂にとって最悪の日」(「保栄茂ぬ字史」)、先祖から脈々と築き上げていった土地、建物が灰燼《かいじん》に帰した。戦況が悪化するにつれて、保栄茂のほとんどの人々は糸満市喜屋武《きゃん》や摩文仁へと逃げ、集落の4割以上に当たる350人余りが犠牲となった。

6年に1度行われる保栄茂の大豊年祭の奉納舞踊「四季口説」で使われる衣装を前に、祭りの意義などについて語る(左から)當銘正幸さん、當銘健一さん＝豊見城市保栄茂自治会

47年ごろ、各地の収容所から戻った住民らは焼け野原に小屋を建て、集落を再建していった。「全部焼けて、残ったのは瓦葺きの建物が少しだけ。住民は気力すらなかった」。沖縄戦当時、4歳だった當銘正幸さん（78歳）はそう振り返る。サトウキビを主とした静かな農村の営みはゼロからの再出発だった。

こうした中、戦前に保栄茂からハワイへ移住した當銘亀さんから荷物が届いた。戦争によって途絶えた豊年祭の衣装に使ってもらおうと贈られた生地だった。住民らはこの生地を縫って衣装を作り、卯年の51年、歴史ある豊年祭を復活させた。

沖縄戦で集落のほとんどが焼けた後、復活した大豊年祭で撮られた集合写真＝1957年（「保栄茂ぬ字史」より）

「集落が団結するには祭りが重要だとみんな感じていた。戦争でほとんどの人が肉親を失った時期で、ハワイから贈られた衣装の生地をみんな喜んでいた」と當銘さん。自身もハワイから贈られた衣装をまとい、伝統舞踊「カサグヮー」や「ウフガサ」を豊年祭で踊ったこともある。當銘さんによると、「四季口説」の衣装は敗戦直後に作られ、唯一現存するもので、6年ごとの大豊年祭に使われているものだという。

２０１７年10月8日、酉年に当たる大豊年祭が保栄茂集落で開かれた。伝統芸能が披露され、中学生から60代までの男性１５０人が勇壮な「巻ち棒」を披露した。一糸乱れぬウー棒とミー棒の二つの巻ちは見事に合流し、ほどけていった。當銘健一自治会長は「祭りによって共同の精神が培われてきた」と意義を語る。沖縄戦で失われた祭りを再生させた思いは、脈々と受け継がれている。

❖聴覚障害でも爆弾の音、地響きで伝わる

浦添市・友寄　美代子さん（85歳）

※無音の中の戦場、今も鮮明に

「爆弾の音が地響きで伝わってきた。怖くてぶるぶる震えていた」。聴覚障害のある友寄美代子さんは、両手を動かし、手話を使いながら戦争の様子を伝える。当時12歳。爆弾の黒い煙や焦げた臭い、家族の表情、死体の臭い……。無音の中で感じ取った戦場を今も鮮明に覚えている。

１９３４年2月、那覇市山下町で生まれた。一つ屋根の下、両親、３人の姉、兄と親戚ら約10人で生活していた。４歳のころ、はしかによる高熱が原因で聴覚を失った。左耳は全く聞こえない。右耳は大きな音の振動を感じる程度だ。幼いころから体調が不安定で、７歳ごろまで歩くことができなかった。

9歳で那覇市の県立盲聾唖《ろうあ》学校に入学した。「授業で先生は口を大きく開けて話した。口の動きを読み取って単語や勉強を教わった」

だが、小学校生活は短かった。意思疎通のすべを十分に学べないまま、小学2年生の時に戦争に巻き込まれた。

44年10月の10・10空襲で自宅は全焼した。家族、親戚と自宅近くの壕に身を潜め、一命を取り留めた。6日後に壕を出た。はぐれないように、おなかをひもで巻き、姉たちと列になって移動した。草むらをか

き分け、古い屋敷にたどり着いた。45年4月までそこで生活した。

わずか2年の学校生活で学んだものは簡単な単語程度。家族とは身ぶり手ぶりで会話をした。人さし指で鼻をなぞると「米兵」、両腕を横に大きく広げるしぐさは「飛行機」、手で首元を斜めになぞるのは「殺される」。母が教えた身ぶりだけが頼りだった。

爆弾が落ちる度に振動が体中に伝わり体を震わせた。「これは戦争？」。周りの緊迫感を感じ取って状況を読み取る日々。「何が起こっているの？」「怖い」。身ぶりと声で母に不安な気持ちを伝えようとした。母は必死に「静かにして」と唇に人さし指を当てた。ハンカチで口を押さえられることもあった。「周りを見て誰かが動いたらそこに動く。誰とも話さずじっと黙っていた」

5月に入り、屋敷を出て豊見城村（現豊見城市）に向かった。歩いて渡った川には無数の死体が浮いていた。おびえながら歩くと、ぬかるみに足を取られた。

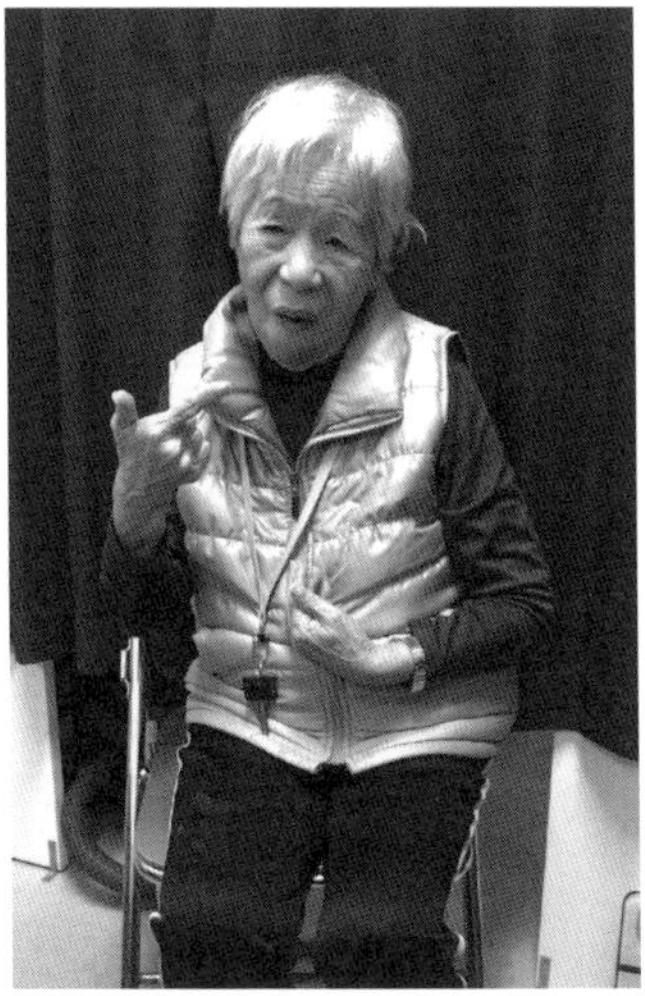
通所する就労継続支援Ｂ型事業所「みみの木」の施設長と手話通訳者の手を借りて、戦争体験を説明する友寄美代子さん＝那覇市若狭の同事業所

近くにいた日本兵が友寄さんの叫び声に気付き、体を引っ張ってくれた。死体に向かって手を合わせた後、移動を続けた。

「ものすごく臭かった。今でも死臭を覚えている」。着ていた服には臭いが染み付いていた。「戦争の記憶は取り除くことができない。ふと思い出してしまう」。脳裏に焼き付いた戦場の光景が今も友寄さんを苦しめる。

※あれは戦争だったんだ――手話学び体験が鮮明に

「無音の戦場」を逃げ回った友寄美代子さん。1945年5月ごろ、家族、親戚、移動中に遭遇した日本兵2人と、現在の豊見城市の海軍司令部壕近くにあった大きな亀甲墓に避難した。日中は墓の前で生活し、夜になると中に入った。父は食料を探すために墓を出入りした。

ある日、外に出た父が帰って来ないことを気に掛け、大人たちが探しに行った。戻った母が泣きながら人さし指で鼻をなぞる身ぶりを見せた。「米兵、飛行機、撃った」。父は草むらで血を流して倒れていたという。左胸のあたりに銃撃の痕があったと母から伝えられた。「足がガクガクして、涙が出てきた」

爆弾の振動を感じて震えている時、父は腕をぎゅっとつかんで背中をさすってくれた。「いつも『どこにも行かないでね』という気持ちだった。なんで死んじゃったの」

遺体があった場所には連れて行ってもらえなかった。大人たちは遺体をそのままにして、墓に戻って生活を続けた。6月、墓の外で米軍に捕らわれた。親戚の男性3人は外に出るのを拒んで墓に残った。その後、3人に会うことはなかった。

名護の収容所で46年1月まで生活した。那覇市山下町に戻り、自宅近くに住んでいた親戚の家で生活を始めた。

戦前通った校舎は戦争で焼け、敗戦から6年後の51年に学校は再開した。その間、障害者教育の環境整備は止まったままだった。友寄さんは教育を受けずに家の畑仕事を手伝った。戦後も家族と意思疎通がうまくできない時間が続いた。

友寄美代子さんが３人の姉と戦前に撮った写真（裏に「十七歳春子さん　二十歳上阪の記念」、長女23歳、二女20歳、三女19歳、本人は６歳）

18歳から那覇市首里にあった「更生相談所」に通った。「視覚や聴覚に障がいがある人が集まって勉強する場になっていた。戦前同じ学校に通っていた友人とも再会した」

しかし、19歳で心臓の病気を患い、1年で勉学を断念した。

手話を本格的に学んだのは20代になってから。ろう者の集まりや手話サークルに参加するようになり、徐々に身に付けた。

同じ聴覚障害者と話すことでやっと、自身の戦争体験を理解できた。「あれは戦争だったんだ」。断片的だった記憶がさらに鮮明になった。

「父が亡くなった時のことを特に鮮明に覚えている。その日を思い出して夜、眠れないこともある」

教育の機会を奪われ、十分に自身の気持ちを伝えられないまま大人になった。「今は会話ができることが楽しい」とほほ笑むが、思いが伝わらない苦しさを何度も経験した。その一方で戦争体験を言語化できるようになると、75年前の光景が忘れられなくなった。

「体験を語ることで戦争は駄目だと伝えたい」。言葉にはならない大きな声に思いを込め、訴えた。

奪われた日 再生への願い
戦後75年 県民の足跡

❖パラオでの記憶、今も

那覇市・岸本 セツ子さん（80歳）

より良い生活を求めて南洋諸島に移り住んだ入植者の娘は戦争によって家族と引き離され、その時の記憶に今も苦しめられている。

※母は私を捨てたのか!?

岸本セツ子さんは1939年3月、玉城村《たまぐすくそん》（現南城市）出身の瑞慶覧長英さんとツルさんの二女としてパラオのバベルダオブ島にあった日本人の入植地・瑞穂村で生まれた。長英さんはサイパンで農耕をしていたが、パラオに移り瑞穂《みずほ》村で小学校の校長が持っていたという土地を購入した。両親と姉、弟の5人で暮らしていた。パラオに住んでいた日本人移民は37年時点で1万1391人、このうち沖縄県人は4799人で、4割余を占めた。人々は新天地での成功を求めて移り住んでいた。屋敷が大きかったセツ子さん宅は「マンゴーやパパイアがいっぱいなっていた」という。楽園のような暮らしだった。

母と引き離されたパラオでの戦争体験を振り返る岸本セツ子さん

44年に入ると入植者たちも戦渦に飲み込まれていった。

同年3月、対岸のコロール島が米軍による大空襲を受けた。小高い丘の上にあった瑞穂村から攻撃を目の当たりにしたセツ子さんは「コロールの街が全部燃えていた」と振り返る。その後、パラオには陸軍第14師団が派兵され、長英さんは14師団歩兵第59連隊に現地召集された。

同じ頃、セツ子さん宅に日本軍のトラックが大挙して来た。屋敷を兵舎として使うためだった。自宅を追われたツルさんとセツ子さんら子ども3人は、村の人たちと避難するために島の中央部の朝日村に向かった。その時、ツルさんは新たな命を授かっていた。

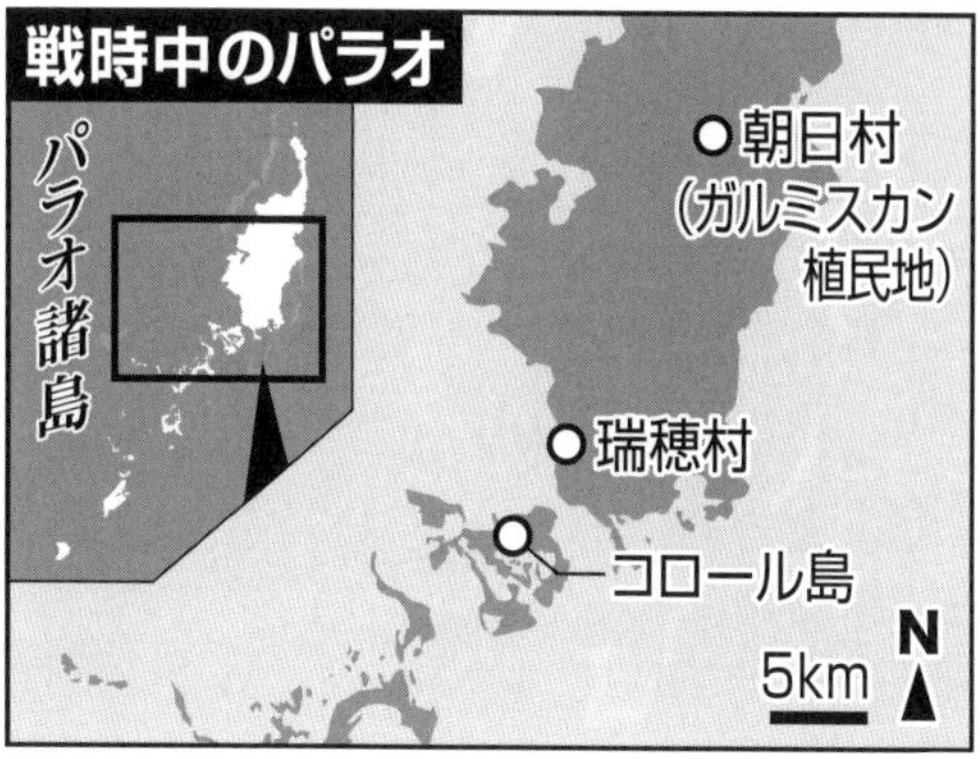

山道は幼いセツ子さんには過酷だった。道の傍らには兵士の死体が転がっており、丸太の橋で川を渡ったこともあった。それに加えて身重のツルさんはよちよち歩きの弟もおぶり、セツ子さんに構ってはいられなかった。

「もう歩けない」。セツ子さんは泣きついたが、ツルさんは聞かなかった。村の人たちとはぐれれば家族全員が死ぬかもしれない。ツルさんは「そこにいなさい」と離れていった。だんだんとその姿が小さくなると、セツ子さんは母を追い掛けた。やっとの思いで追いつくと抱きしめられた。ツルさんは泣いていた。

戦後、沖縄に戻ったセツ子さんは何度もあの時の涙の意味をツルさんに聞こうとしたが、本当の意味を知るのが怖かった。「弟が憎たらしかった。母は捨てるつもりだったのかもしれない。死んでいたかもしれない。孤児になっていたかもしれない」

聞けないままツルさんは他界した。戦時中の記憶が今もセツ子さんを揺さぶっている。

※「パラオの家に行きたい」の父の夢かなわず

太平洋戦争真っただ中、暮らしていたパラオの瑞穂村から避難した岸本セツ子さんら家族は全員無事に朝日村にたどり着いた。妊娠していた母の瑞慶覧ツルさんは一度瑞穂村に戻り、自宅の防空壕に隠れて無事出産。セツ子さんたちきょうだいは4人となり、ツルさんと共に朝日村で避難生活を続けた。

父の長英さんは陸軍第14師団歩兵第59連隊に現地召集されていた。

同師団はペリリュー島などで米軍と激しい戦闘を繰り広げ、壊滅状態となったが、長英さんは生き延びた。

1945年夏、家族は長英さんと面会する機会が与えられた。対面した長英さんは覚悟を決めた表情だった。「人間魚雷」として米軍の船に突撃することになっていた。「みんな元気で沖縄に帰りなさいよ」。

セツ子さんは父との別れを覚悟した。

父の死を意識したが、何日かすると長英さんは家族の元に帰ってきた。突撃の前に終戦を迎えることができた。

「帰ろう」。家族全員で両親の出身地・玉城村に引き揚げ、長英さんの両親宅で暮らした。

祖父母は冷たかった。長英さんの弟と妹は戦死、親族の多くも沖縄戦で亡くなった。南洋諸島に移り住んだ長英さんは大金を手にして戻ってくると期待していたが、日本に強制送還された一家が持ち帰ったのは鍋や服だけ。セツ子さんら子どもは４人に増えていた。「金はもうけないで、口だけ増やしてきた」。一家は家を出ることにした。

その後は母の姉を頼って近くに引っ越し、いとこに紹介してもらい、那覇で暮らした。長英さんは借りた畑で農業をしながら那覇港で運送業などをして働いた。母は行商で野菜を売った。経済的に困窮する中、長英さんは「パラオの家に行きたい」と夢を語っていた。

だが、その願いはかなわず長英さんは64歳で他界した。「かなえてあげられなかった」。遺志を継ぐようにセツ子さんとツルさん、姉の３人は１９８８年６月、戦後初めてパラオを訪問、同窓生らと共に瑞穂村へ向かった。

村に着くと痕跡はほとんど残っていなかった。生家は跡形も無く、弟が生まれた防空壕の入り口などがわずかに残るだけ。

その屋敷跡でセツ子さんらは手を合わせた。再訪の願いがかなわなかった父の分も祈った。

43年ぶりにパラオを訪れ屋敷跡で手を合わせる岸本セツ子さん（左から４人目）ら＝1988年６月、パラオ（岸本さん提供）

全てを奪う戦争はもういらない。現在、セツ子さんは辺野古新基地建設の中止を求める「新しい提案」に関する意見書を、全国の地方議会が可決するよう求める陳情の提出者に名を連ねている。

「戦争につながる不平等が沖縄に押し込められている」。家族を苦しめた体験が今もセツ子さんを突き動かしている。

❖父の手は命綱だった

うるま市・金城　澄男さん（84歳）

※全盲で見えない戦場を逃げ回る

「父の手は命綱だった」。戦時中、身体に障がいがある人々は家族の力を借りて懸命に避難した。全盲の金城澄男さんは、父に手を引かれ、見えない戦場を逃げ回った。当時10歳。「まだ子どもで、戦争の怖さが分からなかった。数年たってようやく実感した」

１９３５年、旧具志川村（現うるま市）兼箇段《かねかだん》で生まれた。２歳の時、はしかが原因で失明した。６人きょうだい（当時）の長男。末っ子は当時２歳の双子だった。共働きの両親の代わりに幼いきょうだいの子守をする生活をしていた。

44年10月10日、〝見えない戦争〟が始まった。「ドドドドーッと戦闘機の音がした」。父が空襲だと気づき、急いで自宅近くの壕に避難した。その後も空襲は続いた。爆弾の音や家族の声で状況を把握した。「爆弾が落ちたら地震のように地面が揺れる。そのたびにみんなで抱き合った」

４月の米軍上陸後、家族８人で北部を目指した。片手を父に引かれ、もう片方の手は弟とつないだ。背中には双子の弟をおぶった。暗闇の中でも爆弾の光はまぶしく感じた。艦砲射撃の衝撃で地面の砂ぼこりが舞い上がると、足元に石が当たった。石が体に触れるたび、見えない戦場の恐怖を感じた。父は爆弾が落ちるたびに金城さんの頭を強く押さえ、手を握り締めて離さなかった。「次はどこに（爆弾が）落ちるんだろうと楽しむ自分もいた」

4月中旬、旧美里村石川（現うるま市石川）の旧石川橋を渡ろうとしたが、橋は米軍の北進を阻止するため、日本軍によって壊されていた。北上を断念し引き返していた時、強い光を感じた。「ピカッと照明弾が上がった」。父と一緒にいた5人は、近くの草むらに隠れた。母たち3人はそのまま道を進んだという。家族は離れ離れになった。

戦時中、通ることができなかった旧石川橋に立つ金城澄男さん

橋を離れて数日後、5人は旧具志川村栄野比《えのび》で米軍に捕らわれ、旧勝連《かつれん》村南風原《はえばる》（現うるま市勝連）に移された。母乳を飲んでいた末っ子は母と離れ、栄養不足に。ある日の明け方、栄養失調で息を引き取った。「『母ちゃんがいたらな』とみんなで話した」

母は金城さんと離れた後、自宅の前で米軍の銃弾に襲われ、左目に大けがを負った。母やきょうだいと再会したのは半年後だった。母の左目には傷跡が残り、顔は別人のようだったという。「顔も形も全然違っていたと聞いた。何とも言えなかった」。親戚や家族は手をたたいて再会を喜び合った。

戦後、数年がたって兼箇段に戻った。盲学校の存在は知っていたが詳しい情報が入ってこないまま、学校に通わず大人になった。20歳を過ぎたころ、沖縄盲人福祉会（現県視覚障害者福祉協会）の目に留まり、同会で点字を学ぶ機会を得た。24歳で沖縄盲学校に入学。その後は東京の学校ではり・きゅうを学んだ。1970年に金城鍼灸《しんきゅう》院を開業し、50年目を迎える。戦後75年がたった今でも、同年代の友人と沖縄戦について話すことがある。「日本は負けると分かっていたはずなのに。どこかで食い止めておけば……」

戦時中、渡れなかった旧石川橋の前に立ち、思うのは「何があっても戦争はあってはいけない」。いまも世界の各地では争いが絶えない。「もしまた戦争が始まってしまったら。どこかの国が核を使ったら。前の戦争とは比べものにならない」。渡れなかった橋の前で、渡ってはいけない橋を渡ろうとする世界の情勢に思いをはせるその手には、あの日の父の手の感触が今も残っている。

❖7歳の少年、戦争孤児に

那覇市・嘉陽　宗伸さん（82歳）

奪われた日　再生への願い
戦後75年　県民の足跡

※艦砲射撃を母が守ってくれた

その日は梅雨空から一転して晴れていた。身を隠した公民館で母と祖父の一家3人、つかの間の団らんをしている時だった。さく裂音が突然響いた。気付くと母の体が覆いかぶさっていた。艦砲の破片に左胸がえぐられ、即死だった。祖父の息もなかった。7歳の少年は、戦争孤児になった。

那覇市首里山川町の嘉陽宗伸さん。南方で戦死した父は、顔も知らない。きょうだいもいない。母が編んだパナマ帽が一家の収入源。祖父は畑仕事で生活を支え、自身もヤギと豚の面倒を見るのが与えられた役割だった。「貧しかったけれど、温かい家庭だった」。当時を振り返るのは、今も苦痛だ。

1945年4月に沖縄本島に上陸した米軍の攻撃は激しくなる一方だった。一家3人は真和志村古島《ふるじま》（現那覇市古島）の自宅を捨て、南部に避難した。攻撃が激しい日中は身を潜め、暗くなったらさらに南へ。玉城村（現南城市）の公民館にたどり着いた時に、艦砲射撃を受けた。「母が守ってくれたんだろうね。けれど悲しむ余裕もなかったよ」。近くの畑に2人の遺体を埋めた。

やせ細った子どもたちが集められたコザ孤児院。左上に写る白い皿を持った少年が嘉陽宗伸さん＝1945年8月4日（沖縄県公文書館所蔵）

独りぼっちになった嘉陽さんは、知らない大人の後を付いて逃げ回った。体はシラミだらけ。日中は艦砲射撃、夜も照明弾が上がれば攻撃がある。「砲弾でできた穴に隠れた。周りは水ぶくれした死体……」。道ばたの草を食べ、泥水でのどを潤した。4、5日後、トラックに乗った若い米兵に見つかり、荷台に載せられた。連れて行かれたのが、コザ孤児院（現沖縄市）だった。

1枚の写真がある。45年8月4日に米軍が撮影した。民家の狭い部屋に、あばら骨が浮き出た裸の子どもたちが押し込まれている。「写真を見た時にぎょっとした。ひもじかったし、恥ずかしいし、思い出したくもない」。写真左上で皿を手に、斜め下を向いた男児が嘉陽さんだ。

空き缶の半分に満たないおかゆに粉ミルク、栄養失調で見る見る腹が膨れる子ども。「夜は『アンマー（お母さん）よ』って声を押し殺して泣いてた人もいた」。昨日一緒に遊んだ子が次の日には死んでいた、ということもあった。

孤児院では、沖縄戦を生き抜いた元ひめゆり学徒が世話をしてくれた。言われた言葉が今も鮮明に残っている。

「生きなさい」

その後、現在の糸満市、那覇市首里当蔵町の孤児院を転々とした嘉陽さんを支える言葉となった。

「苦しくても必死に生き抜いた」。首里孤児院があった場所で語る嘉陽宗伸さん

※平和の希求は生き抜いた者の責務

7歳にして一人で生きていくことを強いられた嘉陽宗伸さんは孤児院を転々とし、中学生のころ首里孤児院（現那覇市首里当蔵町）に移った。「悲しんだり他人をうらやんだりする暇はなかった」。最初に収容されたコザ孤児院で何度も聞いた、「生きなさい」という言葉を胸に苦境を乗り越えた。

首里孤児院から中学校への登下校中は、道端に捨てられたたばこの吸い殻を集めた。分解して葉っぱを寄せ集め、紙で巻き直す。「これを売って、生活費に充てるんだ」。米兵の住宅街に行き、ごみ捨て場から食料を探す。賞味期限が過ぎたのか、膨れ上がった缶詰でも持ち帰り、食べたり売ったりした。

家にいる時間は勉強漬けだった。「周りの友人たちと一緒の高校に行きたかったから」。首里高校に合格したのを機に、孤児院を出て公民館の部屋を借りた。たばこの吸い殻集めやごみ捨て場あさりだけでなく、休日はハウスキーパーとしても働いた。生きるために必死だった。

高校を卒業後、地元の新聞社に就職した。しばらくして東京に転勤になった。「偉くなるためにはもっと勉強しなければならないと思った」。働きながら大学の夜間学部に通った。東京勤務時代に結婚し、家族ができた。妻には「悔いのないよう生きてほしい」と言い続けた。フラワー装飾にのめり込んだ妻は卓越した技能が評価され、「現代の名工」に選ばれもした。日本復帰前に沖縄に戻った嘉陽さんは、子会社の役員まで勤め上げ、定年退職した。

高校時代から続けていることがある。友人に勧められた俳句だ。題材は反戦と平和。「沖縄戦を生き抜いた人間として、平和を求め続けるのは責務」と語気を強める。

2019年夏、新基地建設が進む名護市辺野古に足を運んだ。山を崩し、多様な生物を育む宝の海に土砂を流し込む。「死んでいくのはジュゴンやウミガメだけじゃない。海だって死んでしまう」

《海もまた　生き埋になる　辺野古の夏》

怒りを込めて詠んだ句は、現代俳句の全国大会で賞を取った。

嘉陽さんは今、沖縄戦の体験や戦後をまとめた自分史を書いている。「泥だらけになってでも必死に生きた。こんな苦しい思いは、もう散々だ……」。後世の人たちには、決して同じ思いを味わわせたくない。

❖入隊試験、白紙で提出

那覇市・松堂　昌永さん（89歳）

※戦場に行きたくない

太平洋戦争真っただ中、県立工業学校に通っていた金武村出身の松堂昌永さんは軍の通信隊の試験を白紙で提出した。入隊は免れたが、代わりに戦場に駆り出されたのは試験に合格した同級生たちだった。沖縄戦で約9割が戦死したとされる工業学校の生徒による工業鉄血《てっけつ》勤皇隊《きんのうたい》、工業通信隊。試験はまさに、少年たちの生死の分かれ道となった。

１９３０年10月、金武村の並里で生まれた。戦時下で工兵隊の技術将校に憧れ、44年に首里にあった県立工業学校に入学した。同じ金武出身者らと一緒に首里大中町の下宿で暮らしながら、応用化学科で学んだ。

戦時下の学校では、毒ガスや爆薬の作り方を学んだ。戦禍が激しくなっていた当時は既に物資が乏しくなっており、実際に作ることはほとんどなく、理論を中心に学んだ。首里城の記念運動場では、木刀で訓練することもあった。

44年10月10日、米軍の空襲が沖縄を覆った。赤く染まった那覇の街を首里から見下ろすしかなかった。下宿に戻ると、金武まで米を取りに行くよう言われた。空襲の合間を縫って首里に戻ってくると、学校か

通信隊の試験を「白紙で出した」と明かす松堂昌永さん

ら非常召集が掛かった。戦が近づいていた。

工業学校の生徒らは戦争の準備を担わされた。建築の知識がある上級生は兵舎などを建てた。松堂さんら1年生は現場作業に従事した。天久では砲台、与那原《よなばる》では港の拡張、南風原では陣地構築などに携わった。「どこでもひたすら土を運んだ」。どこの現場でも作業はほとんど同じで、必要とされた土を運び続けた。

「入学した時はうれしかったけれど、あんなことになるとは思わなかった」。松堂さんは当時を振り返りながら首をかしげる。

45年1月、首里城地下に壕を築いていた第32軍司令部直属の第5砲兵司令部の将校らが、軍の通信業務を担当させるため1、2年生を対象に適性検査を実施した。松堂さんら応用化学科の1年生も教室に集められ、試験に臨んだ。

試験前夜、松堂さんは下宿先で同郷の友人たちと話し合っていた。その時、頭に浮かんだのは金武で暮らす親やきょうだいの顔だった。「戦場に行きたくない。書かないでおこう」。松堂さんは友人らと誓い合った。試験会場で机に向かった松堂さんは何も書かず、会場を後にした。

※友はみんなディキャー（秀才）だった

首里の県立工業学校に通っていた松堂昌永さんは軍の通信隊への入隊を免れ、米軍が上陸した１９４５年4月には、生まれ育った金武村に帰郷していた。入隊した14歳前後だった同級生の多くは戦死した。彼

県立工業学校の同窓生と再会し酒を酌み交わす松堂昌永さん（柱の左の最後列）＝1956年8月（松堂さん提供）

らへの思いを重ねるように、戦後は沖縄の児童福祉向上に身をささげた。

戦後、宜野座高校に編入して学び、卒業後は金武村役場で勤めた。１９５３年、琉球列島米国民政府（ＵＳＣＡＲ）の援助で日本社会事業短期大学に通うことになった。福祉施設管理者、児童福祉司などの資格を取得して、琉球政府の職員として採用された。中央児童相談所や石嶺児童園、少年院などで働いた。

コザでは、少女たちを引き取り、戦後沖縄で福祉活動に貢献し「福祉の母」と呼ばれた島マスさんが設立した女子ホームに連れて行った。当時は多くの戦争孤児が町にたむろしていた。琉球少年院は設立当初から携わった。

那覇に住んでいたが、仕事を終えて自宅で一休みしても、子どもたちが〝脱走〟などすれば昼夜を問わず呼び出された。気苦労の絶えない仕事だったが、投げ出すことはなかった。児童園では〝不良〟と呼ばれた少年たちと一緒に畑作業をして向き合った。「援助を受けたから」。次の世代への使命感だった。

戦後75年。この時間の経過と比べれば松堂さんが県立工業学校に通っていたのは一瞬だったかもしれないが、友人たちとの記憶は心に深く刻まれている。

「森田はいつもにぎり飯をくれた」「石川は小さかったが勉強はよくできた」「赤比地は級長だった」。思い出すのは適性検査を突破し、通信隊に学徒動員された友たち。「みんなディキヤー（秀才）だった。生きていたら活躍していたはずね」と思いを巡らせる。

友の多くが戦死した。同時に、教室で机を並べ、青春時代を共に過ごした記憶もよみがえる。表情に自然と笑みがこぼれた。

定年退職後は専門学校などで講師を務めるなど、児童福祉の後進育成に力を注いだ。戦後、子どもたちと関わった仕事は大変だったが、「みな成長していったのが良かった」と振り返る。

同級生を思い出した時と同じようにほほ笑んだ。

❖夢は海軍兵学校へ行くこと

那覇市・喜納　政保さん（88歳）

奪われた日　再生への願い
戦後75年　県民の足跡

※大人が伝える「虚構の戦争」に憧れ

「海軍兵学校に行くこと。それがあの頃の夢だった」。喜納政保さんは軍国少年だった幼少時の記憶をたぐり、こう回想した。

沖縄に戦火が迫る前夜の1944年4月、喜納さんは那覇の県立第二中学校に入学した。軍国教育が浸透していた当時、学科のほとんどの時間が「修身教育」に充てられた。教えられたのは、皇国史観に基づ

会社事務所を兼ねた自宅で75年前を回想する喜納政保さん

く歴史、それに歴代の武人たちの武勇伝がほとんどだった。

「よく覚えているのが、八重山（与那国島）出身の大舛《おおます》松市大尉の話。南洋で戦死し、2階級特進を果たした人物で、『軍神』として祀られていました」

新聞は日々の戦果を書き立て、学校では敵国を蹴散らす軍人の活躍を聞いた。『戦いに負けた』なんて話は出てこなかった。先生の言うことは絶対でしたから、子どもの私も負けるなんてこれっぽっちも考えてなかった」

中学入学前、天妃《てんぴ》国民学校に通っている時、ある軍人が学校を訪れた。陸軍士官学校に進んだ小学校の卒業生で、「丹下」と名乗っていた。「軍服を着てサーベルを下げて、それはりりしいものでしたよ」

母校に凱旋《がいせん》した若い将校は、目を輝かせる後輩の少年少女を前にしてこんなアドバイスを送った。「ドイツ語を勉強しなさい。これから20年後、ドイツと戦争することがあるかもしれない」

当時、日本はドイツ、イタリアと同盟関係にあった。将校は、ヒトラー率いるドイツが欧州を席巻《せっけん》し、日本がアジアの盟主となる将来を思い描き、強国同士の戦争に備えるよう説いた。血なまぐさいそんな「未来」も、海軍兵となったいとこに憧れを募らせる喜納さんには真実味があった。

しかし、大人たちが伝える虚構の戦争とはまったく異なる現実が迫っていた。

県立二中に入学して3カ月もすると授業はほとんど行われなくなった。代わりに命じられたのは「勤労奉仕」という名の陣地構築の肉体労働だった。「小禄には飛行場、垣花や上之屋では高射砲陣地が造られ、私たちが作業に当たった」。高射砲陣地の現場を指揮した将校は、「これは敵機を撃墜するための新兵器なんだ」と胸を張った。

作業中、通りがかった別の下士官に「命中率はどれくらいですか」と尋ねると、苦笑交じりに言った。「空に飛んでるトンボに石を投げてごらん。当たると思うかい」。小さな疑念が軍国少年の中に芽生えていた。

※勉強の機会ないまま卒業

「最初は演習か、と思いましたよ」

１９４４年10月10日朝。いつものように陣地構築に出掛けるため準備していた喜納政保さんは、「ウーッ」というサイレンの音に気づいた。那覇市旭橋の自宅の屋根に上り、首里の方を仰ぎ見ると、複数の機影が視界に飛び込んできた。

頭上を通過する1機の胴体に描かれた星のマークを見た時、ようやく事態がのみ込めた。「すぐ階下に駆け下り『空襲だ』と叫んだ。一緒に陣地構築に行くために訪ねてきていた友人とはその後、二度と会うことはなかった」

家族で防空壕に避難したが、戦火に包まれる那覇にとどまることはできない。父親からは、家業に必要な帳簿などが入った袋を持つよう指示された。中学校の勉強道具一式は置いていかざるを得なかった。

「そこから3日かけて北部まで避難。その後、那覇に戻って焼け野原になった街を見て初めて思った。

『果たして戦争に勝てるのかな』ってね」

学校生活は再開したが、かつての日常が戻ることはなかった。教室もなく、教科書もない。授業の代わりに行われたのは、焼け跡の掃除や軍に命じられた物資の運搬作業などだった。「いま考えると、地上戦への備えだったんだろう。かすかにあった勉強の機会は完全に失われた」と語る。

戦況は徐々に悪化。年が明けてしばらくすると、喜納さんら中学1年の生徒に「家族と逃げろ」と軍令が下った。米軍上陸直前の45年春、喜納さんは家族と本部町に避難した。ゲリラ戦での抵抗を続ける日本軍を掃討するためにやってきた米軍に追い立てられ、久志村（現名護市久志）の集落にたどり着いた。「米兵に銃剣を突きつけられながら、本部の山を下りた。久志に着いてからは身を寄せる場所がなく、村落の豚小屋を家代わりにして暮らしていた」

戦争が終わり、勉強を再開するため、米軍政下で小学校の代わりに設置された「プライマリースクール」に行ったが、教師は喜納さんの顔を見るなり追い返した。「『中学生は駄目だ』と言われてね。しょうがないから、久辺のハイスクールに入り直したよ」

その後も学校を転々とした。1年ほどすると廃校になったハイスクールから宜野座高校に移るよう言われ、家族で那覇に戻ると、首里高校に編入。1学期の間だけ在籍し、できたばかりの那覇高校に移った。「一期生として卒業したが、艦砲射撃の跡の処理とか戦争の後始末に明け暮れて、勉強はほとんどできなかった」。教師に「留年したい」と訴えたが、認められなかった。あれから75年。時代は様変わりした。「好きなことが言えて好きなことができる。そして、何より勉強が好きなだけできる。いい時代になったと思う」。そう言って寂しそうに笑った。

❖小飛行場造成で消えた集落

中城村・比嘉　英信さん（85歳）
仲村　喜政さん（84歳）

奪われた日　再生への願い
戦後75年　県民の足跡

※戦後の撤去後に総出で開墾

戦前、泡瀬（沖縄市）と与那原をつなぐ馬車軌道の中間地点だった中城《なかぐすく》村当間。リュウキュウマツが並び、サトウキビを乗せた馬車が何度も往復した。馬の休憩場所にもなっていたため、鍛冶屋やそば屋、理髪店が軒を連ね、にぎわいがあった。

だが、穏やかな暮らしは戦争の足音が徐々に迫ると一変する。１９４４年10月10日の10・10空襲以降、当間の住民らは九州への疎開や沖縄本島南部への避難を開始し、集落に残る人はほとんどいなかった。45年4月、本島に上陸した米軍の一部は中城方面へ侵攻。〝無人〟となった集落を壊した後「小飛行場」を造成し、前線への偵察や物資の拠点とした。

「ああ、確かに飛行場はここから延びていたよ」。２０２０年2月19日、「小飛行場」があった場所を訪ねた比嘉英信さんが語ると、同学年の仲村喜政さんは、戦中に撮影された写真を見ながら何度かうなずいた。比嘉さんは学童疎開、仲村さんは南部へと避難していたため、戦時中の体験は異なる。だが、戦時中に人知れず造られた米軍の「小飛行場」の姿を今も覚えている。

戦時中に米軍が造成した「小飛行場」の跡地に立ち、当時の様子を語る比嘉英信さん（左）と仲村喜政さん

学童疎開をしていた比嘉さんの住居や畑は、小飛行場用地として接収されていた。「金網の破れた所から芋などの食べ物を取りに、自分の家があった場所へ何度か行った。集落があった場所の名残は何もなかった」と振り返る。沖縄戦で跡形もなくなってしまった故郷。戦後、疎開先から戻った際、変わらずに残っていたのは中城村久場にある丘陵「台グスク」だけだったことを今も思い出す。

仲村さんは戦時中、家族と南部へ逃げ、最後は糸満市摩文仁で米軍に捕らわれた。避難の際は壕に入れず、モクマオウの木の下で過ごしたこともあった。自身は生き延びたが、兄と弟ら3人が艦砲を受けて亡くなる場面も目の当たりにした。「戦争に負けて何もかもなくなったなという気持ちしかなかったよ。子どもだったからね」。当時を思い出しながらぽつりと語った。

小飛行場は沖縄戦から数年後には撤去された。当間の住民らは戦前の面影を失った集落を建て直すため、必死で土地を開墾した。2人も学校に通いながら田畑を耕した。生活を取り戻すにはさらに数年の時間がかかったという。

小飛行場の跡地は現在、田畑が広がる静かな農地へと戻っている。近くには中城村役場の新庁舎も完成する予定だ。当間集落の復興を実現させたのは、戦火を生き延びた住民らの力強い歩みだった。

❖軍の実態　教育とかい離

那覇市・垣花　豊順さん（86歳）

奪われた日　再生への願い　戦後75年　県民の足跡

※学校が嫌いになった

宮古島にある城辺《ぐすくべ》村保良《ぼら》出身の垣花豊順さんは、国民学校に通っていた頃に沖縄戦を経験した。「4、5年になると学校が嫌になった」。学校で教えられた戦争と実際の戦争はあまりに異なり、少年の胸にとげとなって残った。

戦争で「学校が嫌になった」と語る垣花豊順さん

1933年7月、恵與さんとしずさんの長男として保良で生まれた。地元の福嶺国民学校では「軍人は素晴らしい」と軍国教育をたたき込まれ、軍歌も歌った。「日本の兵隊なぜ強い。日の丸弁当いただくからよ」。当時、梅干しなんて見たことも無かった。そんなものを食べられる軍人はどんな存在か。思いを巡らせていた。

41年12月8日、日本がハワイの真珠湾を奇襲、太平洋戦争が始まった。その情報は宮古島にもその日に伝わり、福嶺国民学校では児童が集められ訓話や避難訓練が行われた。翌42年2月には日本軍がシンガポールを占領。同校にも〝勝利〟を祝うゴムまりが贈られるなど、戦果に沸いた。遊び道具なども豊富ではない時代、垣花さんもゴムまりで遊んだことを今もはっきりと覚えている。

宮古島では43年ごろから日本軍が駐留を進め、44年からは米軍の空襲もあった。保良には50人ほどの部隊が配置され、陣地を構築していた。垣花さんは隊長に気に入られ部屋の掃除など小間使いをさせられていた。「食事の残り、吸い殻を恵んでほしい」。垣花さんは耳を疑った。若い兵士は隊長が吸い残したたばこを求めてきた。渡すと深々と頭を下げてきた。学校で教えられた軍人のイメージとは違っていた。

陣地を造るために兵隊が集められた時もそうだった。足踏み、敬礼の仕方が悪いと難癖を付けて上官が若い兵士をぶん殴っていた。荷車を引く兵士はやせ細り、掛け声は小さかった。米軍の空襲があると、米軍機に向かって銃を撃つ兵士がいた。「日本兵は腕がいいから操縦士を狙うんだ」。垣花さんは子どもながら兵士の話を信じられなかった。

45年5月頃、「一番の悲劇が起きた」。集落の西にある壕に兵隊が荷車で爆薬を運んでいた。兵士たちに懐《なつ》いていた子どもたちは、後を追っかけていた。「ドーン」。米軍の弾が爆薬に命中し、1歳と12歳の女の子の命を奪った。垣花さんの中にあった戦争への違和感は拒否感に変わっていた。

※沖縄戦の史実継承へ再び歩む

垣花豊順さんは宮古島で終戦を迎え、両親と姉の家族全員が無事だった。沖縄戦のさなかに芽生えた戦争への拒否感は次第に強くなり、平和への思いをかみしめるようになった。

終戦後、近衛《このえ》兵として仕えていた父の恵與さんは宮古に戻ってきたが28歳で亡くなり、母と姉の3人で生活することになった。宮古高校を卒業すると、人材不足もあったことから母校の福嶺小学校で6カ月だけ教員を務めた。

その後は琉球大学で法律を学んだ。米軍統治下の1957年から検察事務官、検察官を務めた。65年からは米国留学しミシガン大で法学を研究した。帰国後、いったんは検察官に復帰したが研究者の道を選び、琉球大学に長く勤めた。退職後も教壇に立ったが、10年ほど前からは沖縄戦体験の継承に力を入れている。

垣花豊順さんが実行委員長を務めた沖縄戦を知るピースウオークの出発式＝2010年4月1日、読谷村渡具知の「米軍上陸の地碑」

「皆さんの平和への思いを将来に届けよう」。2010年4月1日、米軍上陸地の一つ、読谷村から始まった沖縄戦を知るピースウオークの出発式で、実行委員長の垣花さんは参加者にこう語り掛けた。チビチリガマや嘉手納町の「安保の見える丘」、激戦地となった糸満市まで4日間で約70キロを歩いた。

ピースウオークの目的は戦跡などを巡り沖縄戦の実相、現状を知ることだ。その理念を胸に、垣花さんは首里城の地下にある日本軍の第32軍司令部壕の保存を求める会を立ち上げた。「最後の仕事になるはず」。人々の記憶から薄れようとしている沖縄戦の史実を継承しようと始めた新たな取り組み。

現在86歳。会を立ち上げ、続けていけるか体力面に不安もあった。試しに名護市辺野古まで歩き、「3日間野宿して93キロ歩けたから大丈夫」と自信を付けた。3月から有識者のメンバーを集めて、沖縄県などへの提言に向けて話し合いを始めた。

壕は大本営直轄で創設された第32軍の司令部として、１９４４年12月に構築が始まった。地下に司令部があったために、首里城は米軍の標的となり破壊された。

２０１９年10月に焼失した首里城には多くの人々の視線が注がれる一方、司令部壕の存在を知らない人も多い。ただ、壕内には今も犠牲になった人たちの遺骨が何千もあるといわれている。

「事実を知らせないといけない。死んだ人たちの声を生きている人たちに伝えるためにも」。垣花さんは新たな目標に向け、再び歩み始めた。

❖護郷隊で軍隊教育を盲信

那覇市・宮城　清助さん（92歳）

奪われた日　再生への願い　戦後75年　県民の足跡

※一人ひとりが軍隊の鋳型にはめられる

国頭村与那で生まれた宮城清助さんは沖縄戦時、本島北部の少年たちで組織された遊撃隊（護郷《ごきょう》隊）として戦場に駆り出された。「故郷は自らの手で護《まも》る」。戦意高揚の意味が込められた護郷隊は主に同郷者で組まれた中隊を構成し、スパイや謀略家を養成する陸軍中野学校出身者の指揮下、やんばるの森でゲリラ戦を展開した。

青年学校に通っていたころ、国頭村辺土名《へんとな》の山の上には防空監視哨《しょう》があり、米軍機を見つけては日本軍に報告していた。当初は奉仕だったが、軍の手ほどきを受け、地域ごとに数人が選ばれた。宮城さんも仕事を任された。「与那では一番年下。1日に2円くらいもらえたので、当時はうらやましがられた」。戦争に引きずり込まれていった。

「軍服着て、革靴履いて、帽子をかぶってさっそうと歩いていた」。軍人となって故郷に帰ってきた友人の姿に憧れた。家族は両親と祖父母、7人きょうだい。宮城さんは長男だった。父親は既に召集されており、「祖父も病気で思うように動けず、母と祖母は大変だったはず」と振り返る。

初任務で「死ぬ思いだった」と語る宮城清助さん

1945年3月、軍に入った。朝から晩まで訓練に明け暮れ、米軍上陸前の3月23日ごろ、恩納村の安富祖《あふそ》小学校で入隊式を迎えた。第二護郷隊第一中隊に配属された。式の途中も上空をグラマン戦闘機が飛び交った。腰に軍刀を差したまま走り方も分からずに逃げ惑った。

部隊の訓練が始まったが、軍服と靴は大きくてぶかぶか。上官からは「軍服に体を合わせなさい」とたたき込まれた。銃剣や機銃の扱い、突きの練習を繰り返した。ゲリラ部隊のため、ダイナマイトなど爆薬の使い方も教わった。

「一人ひとりが軍隊の鋳型にはめられた」

軍隊教育で心境も変化した。薪《まき》を取りに行くと「フィリピンが壊滅し、日本兵は捕虜になっている」と書かれた紙が空から落ちてきた。だが、上官から「米軍が『マコト』という新聞をまいているが、デマだ」と言われていた。その言葉を盲信し、戦況悪化も信じなかった。

迎えた最初の任務は、恩納村仲泊にある橋の爆破だった。爆薬を設置するだけの簡単な作業と思われた。ただ、宮城さんは小屋づくりの時にくぎを踏んでいた。足は化膿《かのう》し、歩くだけで激痛が走った。橋のたもとになんとかたどり着くと爆発した。「死ぬ思いだった」。多難な前途の始まりだった。

※同郷の仲間の無残な死

第二護郷隊第一中隊に配属され、初任務で死ぬ思いをした宮城清助さんは1945年4月、沖縄本島に上陸した米軍を相手に、恩納岳でゲリラ戦を展開した。ただ力の差は歴然、多くの同郷の仲間は無残に死に、深い傷を負った。

上陸した米軍は宜野湾以南に後退していた日本軍への攻撃と同時に、北部では掃討作戦や飛行場建設を開始した。宮城さんら第一中隊は恩納岳に陣地を造り、米軍を待ち構え、夜は敵陣に攻撃を仕掛けた。

4月12日ごろ、部隊が米軍の陣地に夜襲へ向かった。宮城さんはその中に選ばれなかったが、機関銃手の「比嘉君」がお尻を斬られて帰ってきた。聞いた話では、仲間が地雷を踏んで部隊はばらばらになり、気配を感じた隊長が合言葉をかけたが応じなかったため、斬られてしまったということだった。

迫る米軍。宮城さんらも陣地を後退させながらゲリラ戦を続けた。ある朝、岩波寿隊長の世話当番をしていた宮城さんは川で米をといでいた。「パン、パン」。銃声が響いた。２００人くらいの米兵が近づいてきていて、休んでいた隊員らは飛び起きていた。「俺に続け」。岩波隊長が軍刀を抜いて先頭に立って米軍に向かった。宮城さんも攻撃に加わり、米軍と撃ち合いになった。米軍は多くの犠牲者を出し、どんどん下がっていった。午後になると金武方面から米軍の戦車十数台が来て一斉に砲撃し、犠牲者を回収していった。米軍は翌日も戦車で攻撃し、2人が即死した。遺体は埋めたがどうなったかは分からない。

事故死する仲間もいた。朝ご飯を食べていると「ボーン」という爆発音と叫び声が聞こえた。声の方向に行くと、新城浩さんが誤って手榴弾を爆発させていた。内臓が飛び出し、10分ほどもがき「アンマー」と叫んで息絶えた。

掃討作戦を繰り広げる米軍の後ろに付き、米兵が残した兵糧を食べて腹を満たし、何カ月もかけて東村有銘にたどり着いた。戦況も厳しくなっていた。「召集がある時はすぐに集まれ。それまでは家族と生活しておけ」。隊長の訓示で銃を置いた。

宮城さんは「敗戦を受け入れられなかった」。だが、与那の共同店に着くと米軍が軍政を敷くことを伝えるニミッツ布告が張り出され、米兵が悠々とパンに肉を挟んで食べていた。言葉を失った。敗戦の意味がずしりとのし掛かった。

第二護郷隊之碑前で、戦争中に亡くなった仲間への思いを語る宮城清助さん＝恩納村安富祖

戦後、同じ部隊にいた仲間と再会することがあった。だが大きな傷を負い、多くを語らない者も多い。宮城さんもかつては慰霊祭にも足が向かなかったが、最近少しずつ当時の記憶を語り始めている。

「無傷なのは自分くらいだ」。申し訳なさそうにつぶやいた。

❖戦況悪化で疎開もむずかしく

那覇市・山田　和子さん（91歳）

※再会誓った亡き友の形見を家族に

その日、那覇市の空は雲一つない晴天だった。

1945年3月、山田和子さんは母と弟、妹とともに那覇港に向かった。家族で疎開船に乗るためだった。その約5カ月前、那覇の街は10・10空襲に遭い、焦土と化した。市久茂地にあった自宅は焼け、一家は真和志村（当時）の農家の納屋に身を寄せていた。

県立第二高等女学校の4年生だった山田さんは、迫る戦火から逃れるため、何度も疎開船への乗船を試みていたが、戦況の悪化で住民の疎開ははかばかしくなかった。「こんなにいい天気なら船は出るだろう」。そんな期待を抱いて波止場に向かったが、そこにいた兵士は理由も告げずに「今日は船は出ない」と一言告げるだけだった。

意気消沈して港から引き揚げる道すがら、空からパラパラパラという乾いた音が聞こえた。機銃掃射の音だった。米軍機はすぐそこまで迫っていた。必死に走って家族で防空壕に逃げ込んだ。そこは日本軍の通信部隊が占拠する壕だった。兵士らは渋々親子を入れたものの、銃撃音が収まると早々と外に出された。

「このままやんばるに行くしかない」。仮住まいの納屋に戻った親子は、県外への避難を諦め、県内の疎開地として大宜味村《おおぎみそん》に向かうことにした。夕闇が迫る中、納屋を出ると、見覚えのある2人がこちらに歩いてくるのが見えた。

女学校の同級生だった。「2人は疎開先の名護から戻る途中でした。『これから東風平《こちんだ》の部隊に行く』と言っていました」。

白梅学徒隊として、傷病兵の看護に当たろうと南部の野戦病院に向かう2人。「私も後から行く」と声を掛け、再会を誓った。

その時、同級生の1人が名刺大の大きさの生地を差し出した。髪と爪を縫い付けた形見の品だった。「空襲の前に、『交換しようね』と約束していたんです。彼女は約束を覚えていてくれた。『準備せずにごめんね』と謝ることしかできませんでした」

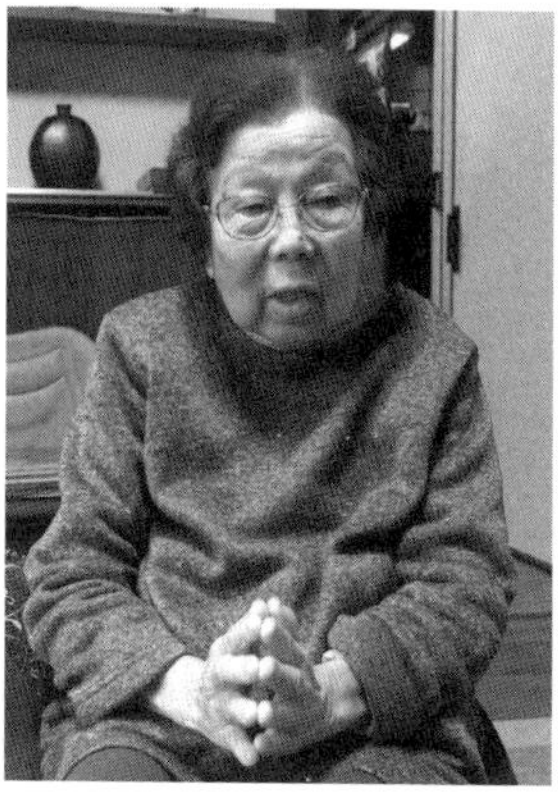

75 年前の記憶を振り返る山田和子さん

結局、それが彼女と交わした最後の言葉となった。肌身離さず身に着けていた級友の思いが詰まった形見は、戦後、級友の両親に引き継いだ。

「『あの子の物が何も残っていなかったから』と、ご両親がとても喜んでくれました」。多くの級友を失い、「自分だけが生き延びてしまった」という罪悪感にさいなまれた山田さんにとって、その笑顔は救いになった。

※缶詰を置いてくれた若い将校——「きっと特攻兵だよ」

真っ暗な夜道を、ひたすら北に向かって進んだ。

米軍の本島上陸が迫っていた1945年3月。県立第二高等女学校の4年生だった山田和子さんは、家族でやんばるを目指した。連日のように米軍機の機銃掃射や、沖合の米艦船からの艦砲射撃が繰り返されていた。山田さんらは標的にされないよう昼間は各所の壕に身を隠し、夜は暗闇に紛れて移動した。

北谷村（当時）の壕に身を寄せた時だった。朝方、地域の代表らしき年配の男性が「15歳以上の者は竹やりを持って集まりなさい」と壕の中で呼び掛けた。「軍事教練でもするのだろう」。16歳だった山田さんはそう推察し、恐る恐る壕の外に出て木陰から様子をうかがった。すると、無数の米艦船が読谷の海岸を埋め尽くしているのが目に入った。あまりの威容にあっけにとられていると、艦船から赤い火柱が立つのが見えた。1、2、3――。

数え終えた瞬間、ドーンと大きな地響きを感じた。「こんな相手と戦っているのか」。絶望感に襲われながら振り返ると、勇ましい呼び掛けをしていた男性が慌てて壕に逃げ込む姿が目に入った。「戦争に負けるかもしれない」。そんな疑念が心の内に生じるのを感じた。

暗夜の逃避行は続いた。月明かりもない時は同じ道行きの人の気配だけが頼りだった。誰一人声を立てることもなく黙々と歩いた。ある時、行列の近くの上空に米軍の照明弾が上がった。周囲がパッと照らし出されると、「あっ」と思わず声が漏れた。「道いっぱいにひしめきあう人の姿が見えた。『こんなにいたのか』と驚いたことを覚えている」

金武村（当時）の鍾乳洞に身を寄せた時だった。砲撃が収まった夕暮れ時、近くの金武観音寺の境内で休んでいると、20歳前後の若い将校7人が入ってくるのが見えた。海軍の軍服を着た彼らは、軍人らしいてきぱきとした所作で整列し、長い時間、祈りをささげた。

将校らはくるりと向きを変えると、山田さんの方に近づいてきて「自分たちには必要ありません。これをどうぞ」と言った。ポケットから取り出した缶詰には、見たこともないごちそうが入っていた。「僕らには必要ありませんから。皆さん、生きのびてください」。申し出を固辞する山田さんらに彼らは重ねて言った。そして缶詰を置いて行く後ろ姿を見ながら、誰かがつぶやいた。「きっと特攻兵だよ」「きっとそのまま海底の藻くずになったのだろう。あの姿を思い出すと今でも自然と涙が出てくる」。山田さんはそう言って、そっと涙を拭った。

❖米軍の攻撃で崩れ落ちる首里城

本部町・仲田　善明さん（91歳）

奪われた日　再生への願い　戦後75年　県民の足跡

※32軍司令部壕の陣地掘りに従事

学徒隊として沖縄戦に動員された少年は沖縄の象徴が崩れ落ちる様子を目の当たりにし、心が揺さぶられた。

本部町の仲田善明さんは沖縄師範学校男子部でつくる鉄血勤皇師範隊の一員として戦場に駆り出され、軍の中枢にも身を置いた。憧れていた将校らから戦争の話を聞くこともあり、日本の勝利を疑うことはなかった。

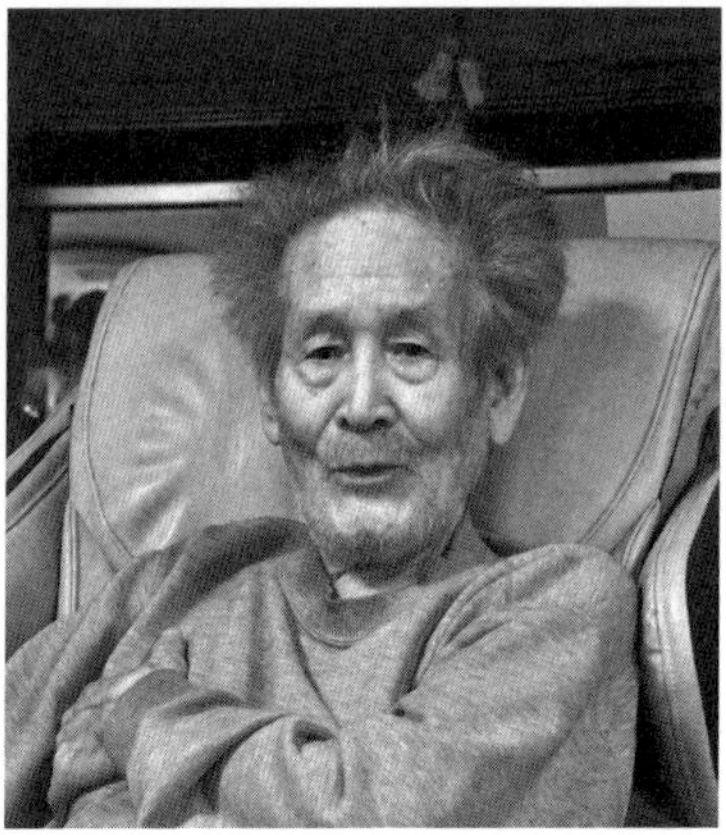

沖縄戦で炎に包まれた首里城の様子を思い出す仲田善明さん

１９２８年12月、本部村の瀬底《せぞこ》島で生まれた。瀬底国民学校の高等科を卒業し、43年に沖縄師範学校に入学する。首里市での生活が始まった。

島で生まれた仲田さんにとって首里は大都会だった。地元ではかやぶきの家屋がほとんどだったが、首里の屋敷はきれいに石垣が積まれ、屋根は瓦ぶきの家屋が並んでいた。ほとんど塗装されていない民家が多い中、赤瓦の屋根に朱色の壁の首里城はあでやかさが一層際立っていた。

学校では教師になるため必死に勉強した。学費は免除され、官費で毎月20円が支給されたため下宿費用などに充てた。予科２年に上がった44年の中頃からは勤労動員で駆り出され、那覇飛行場や読谷、嘉手納飛行場などの構築に従事した。仲田さんは作業現場にも本を持って行った。「まともに勉強できなくなったが、みんな向学心があった」と振り返る。

45年３月23日、米軍が南西諸島全域を空襲した。翌24日には本島南部を艦砲射撃が襲う。米軍上陸が目前に迫っていた。同31日夕、師範学校の生徒が掘った首里城正殿の東にある留魂《りゅうこん》壕の前に全校生徒が集められた。仲田さんも群衆の中にいた。「第32軍司令官の命により、本日より全員、鉄血勤皇師範隊として軍に徴せられた」。32軍の将校がこう発し、仲田さんは「郷土の防衛に当たる」と身を引き締めた。

仲田さんは野戦築城隊第二中隊に配属された。首里城地下の32軍司令部壕の陣地掘りに従事した。壕の中は狭く、つるはしで掘り進める兵士と土を外に運び出す師範隊らが密集、人間の体から発せられる熱や湿気が立ち込め、息も詰まりそうな空間だった。

4月に入ると、米軍の空襲、艦砲射撃はますます激しくなった。特に沖縄での日本軍の中枢だった司令部を狙い、首里城一帯は苛烈な攻撃にさらされ、城郭の石垣は崩れ、建造物も破壊されていった。

仲田さんが非番で留魂壕にいたある日、「首里城が燃えている」という声が聞こえた。壕を飛び出すと、首里城が真っ赤な炎に包まれていた。その時、既に米軍の攻撃はやんでいて、みな集まって崩れ落ちる首里城を見上げていた。「言葉にならなかった」――仲田さんは立ち尽くすしかなかった。

※戦争は僕らでたくさんだ

沖縄師範学校男子部でつくる鉄血勤皇師範隊の野戦築城隊の一員だった仲田善明さんは1945年5月下旬、首里を離れ南部に撤退を始めた第32軍司令部に帯同していた。

米軍との激しい戦闘で多くの友を亡くした。「75年、短かった。今も昨日のように覚えている」。戦争で奪われた人々の記憶を胸に刻む。

撤退の日、三八式歩兵銃と小銃弾を与えられ留魂壕を飛び出した仲田さんらを米軍の銃撃が襲った。崩れた石垣や倒木で弾を避けながら金城町の壕へ向かうと、日が落ちるのを待って首里を出た。

米軍に包囲され、現在の那覇市識名から南風原町津嘉山《つかざん》に向かう道しかなかった。「袋のネズミだった。海も隙間がないくらい軍艦でいっぱい」。野戦築城隊は2日かけて糸満の摩文仁にたどり着いた。

32軍司令部の移動が知られると、摩文仁も猛攻を受けることになる。6月7日だった。米軍の偵察機が飛来し岩陰に隠れた時、砲弾が頭上の岩にぶつかり爆発した。破片が右脇に突き刺さった。その時、隣に

瀬底小学校の創立120周年記念で瀬底の歴史を語る仲田善明さん＝2010年2月、本部町の瀬底小学校

いた友人の知念悟吉さんが、「やられた。やられた」と声を振り絞った。破片が腹部にささり、血まみれになって息絶えた。

知念さんは仲田さんと同じ本部町出身で師範学校本科一年、野戦築城隊第二中隊に所属し「生死を共にする」と誓い合った仲だった。負傷した仲田さんが司令部で治療を受けていた間、師範隊の仲間が知念さんの遺体を近くに埋めた。

戦闘はさらに激しくなり多くの仲間が犠牲になった。

6月19日、追い詰められた32軍司令部は鉄血勤皇隊の解散を命じた。師範隊の隊員や兵士、住民らが何百人と海岸線を具志頭方面に逃げ「半分は海に漬かって歩いた」。米軍の「敗残兵狩り」にも遭った。銃撃をよけて伏せていると手投げ弾が飛んできた。「ドーン」。爆発音と同時に右足に衝撃を受けた。攻撃を抜けると痛みと疲労が湧き上がり、睡魔に襲われた。

記憶にある次の瞬間は翌朝。米兵に囲まれ捕虜となった。沖縄戦の組織的な戦闘は終結した。瀬底に戻れたのは45年末、母や生まれたばかりの弟は亡くなっていた。

戦後は小学校教諭となり、母校で校長も務めた。子どもたちに地元の歴史や戦争体験を話すこともあった。思い出したくない記憶もあるが、75年前にこの沖縄で起きた悲劇を繰り返さないためにも記憶を呼び覚ます。「亡くなった人の遺志を酌み取ってほしい。戦争は僕らでたくさんだ」

III

県民、読者と刻む沖縄戦

1. 10・10空襲 私の体験

1944年10月10日の「10・10空襲」は、延べ1396機の米軍機が投入され、沖縄本島や周辺離島、先島、奄美など南西諸島全域に爆弾の雨を降らせました。無差別な空襲によって668人が死亡、768人が負傷しました。旧那覇市は家屋の約9割が焼失するなど焼け野原となりました。不意打ちの空襲に住民は驚き、家を失い中北部に逃れ、飢えに苦しみました。沖縄戦の前触れを沖縄県民が実感しました。

❖長嶺 眞一郎さん（91歳）読谷村

※のどかな集落、突然の銃爆撃

長嶺眞一郎さんは1944年10月10日午前7時ごろ、読谷村比謝《ひじゃ》の自宅を出たところで米軍機と遭遇します。長嶺さんは1928年5月、台湾生まれ。7歳から比謝で暮らしていました。当時16歳で、村内にある青年学校に通っていました。
《当日午前7時ごろ、馬の草刈りに現在の国道58号を越えて、モッコと鎌を持って東の山を目指して行く途中、突然、東の山の雲の切れ目から黒い飛行機が急降下し、読谷飛行場をめがけてダッダッダッと機銃を撃ちながら爆弾を投下するのを目撃した。その瞬間、爆発音とともに黒い煙が立ち上った。急降下する飛行機に星のマークがついているのを見て、これはアメリカのグラマン機であることを察知し、すぐ自宅へ帰った。》
慌てて自宅に引き揚げた長嶺さんは、近所のたばこ屋の前にいた住民に米軍機の襲来を伝えました。住民は米軍機の急襲を予想していませんでした。

《アメリカの飛行機が飛行場を爆撃している。ヘークケーミソーレ、早く帰りなさいと私は必死に叫んだけれど、日本軍の演習だと思って、誰も信じなかった。しばらくすると飛行機が旋回し、住宅地内に機銃で襲ってきたので、皆びっくりして、逃げるように立ち去っていった。》
南西諸島の島々にある空港や港、軍事施設を狙い、無差別に民間地域を襲った10・10空襲。那覇が壊滅したとの情報が長嶺さんに届きます。

※機銃受けるも逃げ延びる

米軍機の急襲を受けた読谷村比謝の住民は衝撃を受けます。墓は住民の避難場所となります。防空壕造りも始まりました。

「墓には1週間くらいいたかな。それから屋敷近くの土手に壕を掘った。でも、まともに爆弾に当たったら助からないですよ」と長嶺さんは振り返ります。

米軍機の襲来はその後も続き、恐ろしい体験もしました。

《荷物をかついでお墓に避難する途中、村はずれの見通しのよいあぜ道を行くと、南の方からグラマン機が低空飛行し、機銃で私を目がけて撃ってきた。危険を感じ、荷物を捨て北側の土手にかけ込み身を隠した。すると、グラマン機は旋回して機銃を撃ってくるので、今度は反対側の土手に隠れた。諦めたのかグラマン機は南の方に去って行くのを見て、ほっとした。》

日本軍は応戦しますが、米軍機を撃墜できません。

《今の読谷高校あたりに日本軍の高射砲陣地があって、ポンポンと高射砲を撃つけど当たらない。米軍機は低空飛行でゆうゆうと飛び去っていく。》

それでも戦争には勝つと信じ、竹やり訓練に精を出していました。「あの頃はアメリカの力が分かりませんでした」

長嶺さんは体験記にこう書いています。

《軍国主義の教育は時代遅れの竹やり訓練をしてきた。日本軍は旧式の銃、アメリカはカービン銃。日本軍は撃つ弾も足りず、アメリカの物量に負けた。》

※不安広がり人の心変わる

米軍機の襲来に備え、比謝など読谷の各集落では1943年ごろ、住民を動員した訓練もあったようです。

《各公民館より1人伝令班として嘉手納署に動員され、情報が入ると伝令係は走って公民館に知らせる。公民館では伝令班が待機しており、情報を受けて集落に空襲をよびかける。》

10・10空襲後も米軍機の飛来が続きます。住民の間に不安が広がり、比謝の集落は姿を変えていきます。

「比謝はもうバラバラですよ。これまでは畑を耕すときは住民が共同で耕したけど、空襲の後は早く逃げたいという気持ちになり、住民同士、助け合いはできなくなった。自分を守ることで精いっぱいだった」

人の心を変えてしまう、それが戦争の怖さです。そのことを身をもって知る長嶺さんは実感を込めて話します。「戦争になると人が変わってしまい、ほかの人のことを考えられなくなる。自分を変えなければ通用しないんじゃないか」

45年2月、長嶺さんは海軍に志願します。青年学校の教師から「沖縄にいたら一生百姓だよ。海軍志願で行きなさい」と勧められたといいます。兵隊への憧れもありました。

那覇港から船に乗り、本部、奄美大島の名瀬を経て、3日かけて鹿児島に着きました。「ほっとした。アメリカにやられるかもしれないと思っていましたから」

※佐世保で原爆目撃、終戦

海軍に志願し、沖縄から船で鹿児島に渡った長嶺さんは45年2月、神奈川県藤沢市の藤沢海軍航空隊に入りました。

その後、静岡県下田市を経て、7月25日に佐世保の部隊に配属されました。その間に沖縄への米軍上陸と日本軍の壊滅を聞きます。家族はもうこの世にはいないと受け止めていました。

「沖縄は玉砕したと聞きました。その前にサイパンも玉砕したでしょう。沖縄も全滅だ、誰も生きていないと思いました」

8月9日、長崎市に投下された原子爆弾の閃光《せんこう》を約50キロ離れた佐世保で目撃します。

「ピカッと光が横に広がったんですよ。次は佐世保だと騒ぎました」

8月15日敗戦、10月に除隊となり、長嶺さんに食糧と荷馬車が支給されました。同じ部隊にいた県出身者4人と1年余、木炭作りの作業に従事しました。

沖縄に戻るのは47年の夏ごろでした。暑かったのを記憶しています。那覇港に着き、噴霧器で殺虫剤DDTをかけられました。長嶺さんの戦争が終わり、沖縄での戦後の暮らしが始まりました。

日本は戦争に負けて良かったかもしれないと長嶺さんは考えます。軍国主義が潰《つい》えたからです。体験記でこうつづりました。

《勝てば軍国主義はますます厳しくなり、言論の自由もなかったでしょう。》

※沖縄戻るも苦難の日々

1947年の夏、那覇港に長嶺さんは米軍のトラックに乗せられ、現在の沖縄市高原にある「インヌミ収容所」へ向かいます。海外や国外からの引き揚げ者を収容する施設です。

敗戦から約2年、沖縄の変貌に驚きます。「砂漠みたいで、どこを走っているのか分かりませんでした。

焼け野原で、あちこちに穴が開いていました」と長嶺さんは振り返ります。

インヌミ収容所で家族が宜野座の収容所で生存していることを知り、そこで合流します。その後、読谷村の波平や大木を経て、米軍の許可で故郷の比謝に戻ったのは51年のことでした。

比謝に戻っても苦しい生活が続きました。食料はイモばかりです。長嶺さんは「あのころは食うだけで精いっぱい。希望も何もなかったですね」と語ります。

生活のため長嶺さんは米軍嘉手納基地に勤めました。基地内では、米兵から差別を受けました。「こじきと呼ばれ、いじめられましたよ。でも、米軍に使われている身なのでしかたない。反抗したら首です」

米軍基地には38年勤め、村会議員も経験しました。長嶺さんは体験記をこう締めくくりました。

《今の平和があるのは去る大戦で犠牲になられた多くの方々のおかげと肝に銘じ、恒久平和を祈ります。》

❖瀬名波　起廣さん（84歳）宜野湾市

※朝食中に見慣れぬ飛行機

瀬名波起廣さんは那覇市の泊兼久（現在の那覇市前島）で10・10空襲に遭い、家を失いました。家族は本島北部に避難し、米軍に捕われます。現在のうるま市に移動した後は、兄たちが米軍物資をかすめ取る

「戦果あぎやー」によって生活を支えました。

◇

生まれは現在の那覇市久茂地でした。父は早世し、母オトさんが泊で古着商を営み、4人の子を育てました。母恋しさに歩いて泊の市場を訪ね、一緒にそばを食べたことが懐かしい思い出です。その後、家族は市場近くに引っ越します。場所は泊高橋の西側です。

10・10空襲前のある出来事が記憶に残っています。

《ある日、泊の港にたくさんの漂流物が流れ着いた。それは缶詰で水面に浮いていたので、私も競争で海に飛び込んで5~6個は拾い上げた。「わかもと」と「かんぱん」だった。貴重な非常食だった。沈められた日本軍の船のものだと大人が話していた。》

10・10空襲の朝、登校の準備を済ませ、いつものように朝食を取っていた時のことです。

《なにか、外が騒がしくなっている。最初はちょっと気にしながら食事もしていたが、だんだんすごい音とともに人々の声も混じって騒がしくなっていた。》

瀬名波さんは箸を置いて家の外に出ました。空を見上げると見たことのない飛行機が編隊を組んで飛んでいました。

※壕の中　恐怖に震える

瀬名波さんが見ていた飛行機は突然、急降下し、那覇港や飛行場などの軍事施設を攻撃しました。住民はパニックに陥ります。

《日頃から学校の校庭で、先生の合図で防空頭巾をかぶり、地面に伏せて手の指で両目と両耳を覆う訓練をした。家が焼けた場合のバケツリレーで消火訓練をしてきた。皆、口々に大声でソームンドー、ソームンドー（本当だよ）と言ってパニックになった。母の号令で家の後ろの防空壕に我先に向かったら、既に壕の半分以上は近所の人々で埋まっていた。》

壕の中で恐怖に震えます。

《頭上ではキーンキーンと飛行機の音、爆発、機銃掃射、高射砲の音が耳をつんざく。皆、防空頭巾をかぶり、しゃがんで両手で耳と目をふさいでいるが、爆発音のするたびにキャーキャーと悲鳴を上げた。》

空襲はしばらく続き、その後、静かになります。

《皆、ガタガタ震えながら恐る恐る外へ出てみる。那覇港、通堂、飛行場付近の空は広い範囲に黒煙が上がっているのが見える。人々は悲鳴を上げている。大人たちは皆動揺して、「チャースガヨー（どうするねー）、チャースガヨー、避難するねー」と口々に声を上げるが、誰も答えが出ない。》

※浦添へ避難、家族は無事

10・10空襲は早朝から午後まで、5波にわたって南西諸島の島々を攻撃しました。午後の空襲は民家も対象にした無差別攻撃でした。瀬名波さんがいた泊の壕にも攻撃が迫ってきました。

《爆発音が通堂の方面から、だんだん近くなって来たようだ。みんな、さらに動揺した。時々、とても近くで爆弾が炸裂《さくれつ》する音が聞こえたりする。地響きがする時もある。

爆発音はさらに近づいて来ている。無事を神に祈る気持ちだ。今にも爆風で防空壕の屋根が吹き飛ばされそうだ。何とか第5波の空襲も終わったようだ。壕から出たら空が真っ赤に燃えていた。西側の潮渡橋付近の家々も燃えているようだ。》

母オトさんは避難を決めます。避難先は現在の浦添市にあった軽便鉄道の内間駅です。

《大道《うふみち》を通ると敵機に見つかりやすいので、泊の中道に入って、泊小学校の裏道から黄金森《くがにむい》方面、銘苅を通って内間の鉄橋（汽車道）を渡り、内間の駅まで来た時は夜になっていた。その間、米軍の空襲はなかった。家族は全員無事でここまで逃げてきた。安心はできないが、ここで腰を下ろした。駅周辺は汽車道（線路）を挟んで大勢の避難民がいた。那覇の空は一面が真っ赤だ。》

※自宅は跡形もなく、宜野湾へ

浦添の内間駅に避難した瀬名波さんの家族は家の様子が気になります。母オトさんの指示で次男の起勇さんと従兄の豊崎武一さんは泊に向かいます。

《食べ物も飲み物もない。母は次兄と従兄に、那覇はあんなに真っ赤で燃えているようだが、わったーやー（自分たちの家）や大丈夫か、見に行くように言いつけた。5～6時間はかかったか、2人の兄が帰ってきた時は夜中で、兄2人が持ってきたのは、丸焦げになった羽釜の底の部分で、今朝のご飯の残りが炭状になっていた。

家は跡形もなく、それだけだった、と。暗闇の中、母の表情は覚えていない。》

それでもオトさんは翌朝、新たな避難先へと行動します。

《夜が明けたら、母の力強い「りっか」（さあ）の命令で家族は立ち上がった。敵機の襲来を恐れながら、線路道を通って牧港方面から宜野湾の嘉数に向かった。》

家族は嘉数にある知人の農具小屋にしばらく身を寄せます。起廣さんと姉孝子さんは嘉数国民学校に通い、兄たちは嘉数高台の陣地構築にかり出されました。軍属として南風原にいた長男の起栄さんも合流します。その後、家族は米軍上陸を受け、今帰仁に向かいます。

※浜で命つなぎ　追われ山地へ

1945年4月1日、沖縄本島中部の西海岸に米軍が上陸します。10・10空襲で家を失い、宜野湾に身を寄せていた瀬名波さんの家族は上陸前の艦砲射撃に驚き、避難先として宜野湾の役場が割り当てていた今帰仁村仲宗根を目指します。

《宜野湾を飛び出して3日目か4日目か。今帰仁の湧川の海岸沿いの道に来た時は、家族もみんな疲れていた。特に母は疲れが目立っていた。》

仲宗根に着いたのは出発から3、4日後の夜でした。避難先となっていた学校には大勢の避難民が集まっていました。その後、今帰仁の越地集落で暮らすようになります。食料は自分たちで探しました。

《越地の浜に降りてカニ、貝類、エビを取ったたし、海藻、ふーちばー（よもぎ）やこーれーぐす（唐辛子）の葉も、ちーぱっぱー（つわぶき）の葉も野菜代わりに食べたが、全く味はなかった。

芋は畑の主が取って後から、とっても小さい芋や、虫が入っている芋、たまにはかんだばー（芋の葉）を貰《もら》っての、うむじゅーしー（芋が主体の雑炊）はすきっ腹に大変おいしかった。》

米軍が迫っているという情報を聞き、家族は山地に避難します。そこで次兄と従兄が米軍に捕らわれ、現在の名護市田井等《たいら》の収容地区に送られます。

※「戦果あぎやー」家族のため

瀬名波さんの家族は今帰仁村越地の山を下り、現在の名護市我部祖河で米軍に捕らわれます。終戦後、田井等収容地区にいた兄、従兄も解放され、家族と合流しました。

1946年、家族は我部祖河を離れ、現在のうるま市にあった金武湾集落に移動します。那覇の人が大勢集まり、にぎわいを見せていました。「金武湾はハワイやっさー、那覇やっさーという声が聞こえていた」と瀬名波さんは振り返ります。

そのころ、米軍物資をかすめ取る「戦果あぎやー」が横行していました。米軍の倉庫で働いていた長兄の起栄さん、トラックの運転手をしていた次兄の起勇さんも「戦果あぎやー」に加わりました。家族の生活を支えるためでした。

那覇に戻ったのは51年ごろ。10・10空襲から約6年後です。自分が生き延びることができたのは、戦場で家族を守った母オトさんや兄たちのおかげだと瀬名波さんは感謝しています。

2018年、「戦果あぎやー」に関わる若者を描いた真藤順丈さんの小説「宝島」が話題となりました。瀬名波さんは兄の霊前にこの本を捧げました。

「ありがとう、おかげで、ここまで生きることができたよ」。瀬名波さんの思いです。

❖東江　優さん（83歳）　那覇市

※授業中に雷のような音

東江優さんは1935年11月、伊是名《いぜな》村伊是名で生まれました。父の孝次さんは1歳の頃、フィリピンに渡っており、島で理髪店を営む叔父の家で育ちました。叔父のことを父と慕い、少年期を過ごしました。

10・10空襲に遭ったのは伊是名国民学校3年の時でした。給食後の音楽の授業中に雷のような音に驚いた児童は運動場に飛び出します。

「こんな音は初めてだった。驚いて空を見上げた。飛行機は見えなかったけれども、音だけは聞こえた」という東江さんは教頭の声でわれに返ります。

《教頭先生は「直ちに教室に戻れ！　敵機襲来だ！」と叫んだ。直ちに教室に戻り、机の下にもぐり、両手で目と耳を覆った。空襲もやみ、皆先生の指示通り教室の床下にもぐって休んだ。》

空襲で仲田港に停泊していた村有船・伊福丸が攻撃され、船員1人が亡くなりました。学校の近くに250キロ爆弾が投下されましたが不発だったため、児童の犠牲は出ませんでした。

空襲の不意打ちを受け、村民は戦争の恐怖を実感しました。

※「戦争負けず」信じ込む

伊是名島を急襲した米軍機の爆音に驚き、校舎の床下に隠れた東江さんは別の避難場所に移動します。

《しばらくして、私たちはアーガ山をつたって、村人が避難していたソージ山に避難した。》

アーガ山は島の中央よりやや南側に位置し、その近くにソージ山があります。アーガ山には伊是名国民学校の児童が職員の誘導で集まりました。「子どもたちで騒々しかった」と語ります。その後、伊是名集落の住民が避難したソージ山に向かい、家族を捜しました。

「私たちの屋号はイナファヤー。『イナファヤーはどこですか』と言いながら家族を捜した。ソージ山には2日ほど避難した。それから叔父さんたちは防空壕造りを始めた。ソージ山に小さな横穴を掘った」

「戦争には負けるはずはない」。東江さんは日本の勝利を素直に信じていました。住民や子どもたちは軍事訓練に励みました。子どもたちの間でこのような歌を歌った記憶があります。

「時いまぞ　時いまぞ　決意に燃えて　米英の命　根こそぎ　撃ちてし止《や》まむ」

歌の意味は分からなかったそうです。沖縄の小さな島に押し寄せた軍国主義の波は、子どもたちをのみ込んでいきました。

※ルソン島で戦死の父、面影はなく

1945年になり、伊是名島は激しい空襲にさらされます。2月には東江さんが暮らしていた叔父の理髪店が焼けました。

4月1日、米軍が沖縄本島に上陸します。伊是名島の周辺にも米艦船が姿を見せます。東江さんは防空壕から沖合を航行する米艦船を目撃しました。

「友軍の連合艦隊が来たぞーといって、壕を出て拍手喝采した。すると空襲警報が鳴って、すぐに壕に戻った」

6月3日、米軍は伊平屋村に上陸し、伊是名島は大騒ぎになりました。「武器はないが、もしアメリカーが来たら戦うという気持ちだった」と東江さんは語ります。

その後、伊是名島にも米兵が上陸しましたが、戦闘はありませんでした。仲田さんは港から上陸し、集落を闊歩《かっぽ》する米兵の姿を覚えています。

戦争で父の孝次さんはフィリピン・ルソン島で亡くなりました。敗戦1カ月前の45年7月15日のことです。父の顔を覚えていません。父の兄弟も中国やサイパンで戦死しました。

糸満市の「平和の礎」に刻まれた伊是名村の戦争犠牲者は455人を数えます。地上戦はなかったのに、これだけの村出身者が亡くなりました。「自分はよく生き延びた」という東江さんの言葉に実感がこもります。

❖新垣　トミ子さん（87歳）那覇市

那覇市小禄の新垣トミ子さんは、現在の県立那覇商業高や松山公園の敷地にあった松山国民学校の6年生のころ、10・10空襲に遭いました。家を失い、名護へ避難しました。新垣さんの体験を紹介します。

◇

新垣さんは1932年6月、那覇市松下町1丁目で生まれ育ちました。現在の松山1丁目付近です。

《松山国民学校の周辺には市長公舎、第二高等女学校、県立病院、大典寺、軍司令部、内兼久山、テニスコート、教会など、当時では珍しく洋館建の多いところでした。》

新垣さんの長姉は県立病院の看護婦をしていました。

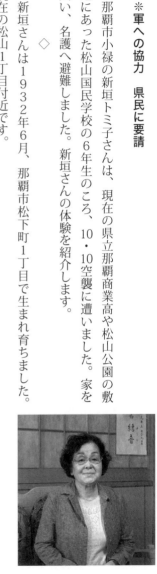

※軍への協力　県民に要請

松山国民学校3年の時、太平洋戦争が勃発します。軍への協力が県民に求められます。戦勝ムードも広がりました。生活必需品は配給になりました。

《「欲しがりません　勝つまでは」の合い言葉で総《すべ》て日本軍に協力しました。弁当箱、ジーファー、蚊帳の耳、鉄鍋など軍に提出しました。ただ毎日、勝戦と先生や大人が教えてくれました。昼は県庁前から山

形屋方面まで日の丸の小旗を持って、夜はちょうちん行列もしました。》

日本軍の駐屯が進むと学校の雰囲気が変わります。

《ヤマトから日本兵が入ってきた。勉強どころではありません。避難訓練、竹やり、手旗信号、教室も兵舎に変わり、私たちはガジュマルの木の下で勉強しました。》

※突然の空襲、慌てて避難

新垣トミ子さんの家族に疎開の話が出ます。父の古波藏不明《ひめい》さんが勤めていた沖縄電気の家族疎開で母カマドさんと2番目の姉、弟の3人は熊本へ行きます。沖縄には新垣さんと父、長姉、足の悪い祖母が残りました。

トミ子さんも学童疎開を予定し、荷造りを終えていました。ところが祖母が疎開を止めました。米潜水艦による対馬丸撃沈の情報が広まっていました。

「誰からともなく、対馬丸がやられたという話を聞いた。かん口令が出ていたが、九州に行ったはずの子から返事がない、と。おばあさんは『うかーさん、どこで死んでも一緒だ』と言って疎開を止めた」

そして空襲の朝を迎えます。父は電力会社の宿直で前夜から家にいませんでした。長姉は県立病院への出勤準備です。

《午前7時半頃、大人は出勤準備、私は登校準備のときでした。突然キーンと聞き慣れない金属製の大音とともにドドーンと大きな地響きで家が大きく揺れた。銀色の飛行機が那覇港方面に向かっている。「今日の訓練は本物の空襲みたいだ」と屋根や石垣に上って見物する人もいた。》

すると市役所のサイレンが鳴り、警防団が「敵機来襲」と叫びながら走ってきました。トミ子さんは慌てて避難しました。

※機銃掃射の中、必死で逃げまどう

看護婦の長姉が県立病院から戻り、新垣トミ子さんと足の悪い祖母は屋敷内にあった防空壕へ避難します。

《看護婦の姉は足の悪い祖母と私を粗末な防空壕に入れて、自分は近くの病院へと走った。壕の入り口にあった水瓶《みずがめ》に破片が当たり、水が流れて壕内は水浸しになりました。恐ろしい地響きと爆音で生きた心地もしません。祖母は「どーでぃん助しきて呉《く》みそーり」と手を合わせて震えていました。》

午後3時ごろ、父が電力会社から帰ってきました。「早く逃げないと死んでしまう」という父の指示で壕を出ます。避難先は県立第二中学校（現在の那覇高校）の裏手にあった父の土地です。

《父は台所からなんちちめー（焦げたご飯）を紙に包んで私に持たせ、祖母をおぶって「うーてぃくーよー」と一言、振り向きもせず一目散に走りました。私は祖母の松葉づえを担いで必死に父を追いました。

久茂地大通りは逃げまどう人でひしめき合っていた。

松尾坂で父にはぐれた。兵隊さんが銃を持って走っていたのでついて行ったら機銃掃射に遭い草むらに隠れた。血を流して唸っている兵隊らしき人、道端にころがっている人もいる。泣きそうになったが父に追いつき、二中の裏まで走った。》

二中裏から見える那覇の街は火の海と化し、爆発音も時折聞こえてきました。

※真っ暗な道　名護へ避難

避難先となった県立二中の裏手にある父の土地は、新垣トミ子さんにとって怖い場所でした。

《昼でも薄暗く、大木が茂り、大和人（やまとんちゅー）の墓や精神障害者の小屋もあり、怖い所だった。》

当時は精神障害者を小屋などに閉じ込める「私宅監置」がありました。小屋には女性がおり、周囲から「ふらーぐわー」と呼ばれ差別されていました。

「かわいそう。座敷牢といった感じだった。空襲の日は小屋に行っていません。女の人はそこで死んだのか、家族が出してあげたのか分かりません」

夜になり、県立病院に勤めていた看護婦の長姉がやってきました。空襲で病院は焼けてしまい、家族は名護へ避難することになりました。

父が農家から借りてきた荷車に祖母を乗せ、北部へ向かいました。

《真っ暗な道をただ歩くだけ。足が痛くても誰も助けてくれない。姉にはぐれると「ちゃんなぎーんどう」（置いていくよ）としかられる。疲れて道端で寝てしまい、朝見ると知らない人ばかりだった。》

道中、サトウキビをかじり空腹をしのぎました。地域の女性たちが丸いおにぎりを配り、避難民を助けてくれました。

※命だけで何も残らず

10・10空襲で家を失った新垣トミ子さんの家族はやんばるを目指します。父、祖母とは別れ、新垣さんは看護婦の長姉と行動します。

《長姉は行き着くところで看護の手伝いをしていた。やんばるの山で男の人が足をけがして歩行困難になっているのを助けたりして知人もできた。》

2人は現在の名護市安和を経て父たちと合流します。その後、那覇に戻り、焼け残った知人宅に身を寄せました。食料不足に家族は苦しみます。

《壺屋と牧志は少し家が残っていた。父はかまじー（穀類を入れるかます）を持ってきた。祖母と布団代わりに寝た。ここでも空襲は来た。みんな草を水炊きして食べた。こうしてわが家は全焼、命だけで何もない。》

松下町にあった自宅は跡形もありませんでした。「那覇は瓦礫《がれき》ばかりで白い道が続いていた」と新垣さんは振り返ります。その後、熊本へ疎開し、母や次姉と一緒に暮らしました。

戦後に引き揚げ、沖縄に残っていた父と糸満で再会します。家族がようやく一つになりました。糸満高校で学び、那覇に戻るまで5年余が過ぎました。

「なぜ、あんな大国に戦争を仕掛けてしまったのか。もっと早く降伏していれば、沖縄のためにも良かったのに」と、新垣さんは率直に語ります。

❖与儀　喜一郎さん（75歳）　那覇市

※母は私を必死に抱きしめた

那覇市首里の与儀喜一郎さんは、生後1カ月で10・10空襲に遭いました。当時のことは覚えていません。戦後になって一緒に逃げた両親から空襲の様子やその後の避難、2歳だった姉が行方不明になったことなどの話を聞きました。

◇

与儀さんが生まれたのは1944年9月9日。父の喜文さん、母ウシさん、祖母ツルさん、初子さん、安子さんの2人の姉と共に現在の泊小学校近くの借家で暮らしていました。もともと首里の出身だった父は農事試験場の職員でした。与儀さんは詳しい理由は聞かなかったそうですが、兵士として日本軍に動員されることはなかったそうです。

10・10空襲の日、家族は泊小学校の裏手にあった防空壕に避難します。市街地から漂ってきた煙に苦しみます。

《10日の空襲はひどいもので、那覇の市街地は大火に包まれた。今の泊小学校裏の斜面に掘ってあったわが家の防空壕にも煙が入り込んできて、生まれてまだ1カ月と1日でしかない私に煙を吸わせないため

に、母親は必死に抱きしめた。》

空襲で焼き尽くされた那覇の街から漂う煙は大地を覆うように広がり、家族が避難していた壕内にも漂ってきました。

「母は死にものぐるいで私を抱きしめたそうです。今でも、その時の母のことはありがたいと感謝しています」と与儀さんは話します。

※2歳半の姉、三日三晩歩き

泊小学校の裏手の斜面に造った防空壕に避難していた与儀喜一郎さんの家族は夕刻になり、壕を出ます。泊小学校は焼け残りましたが、暮らしていた借家は被害に遭いました。

避難先は首里汀良町です。現在の鳥堀交差点の近くで、そこには父・喜文さんの親類が住んでいました。10・10空襲で家を失った人の多くが那覇から首里の坂道を上っていったそうです。その一群に与儀さんの家族もいました。

首里にいたのは45年3月下旬までです。米軍の上陸が迫り、疎開を命じられて家族は北部を目指します。

《わが一家は戦渦を逃れて石川地峡の米軍警戒線をくぐり抜け山原に避難した。私は母親の背中に、生まれて2歳6カ月の姉安子は手を引かれて三日三晩歩き続けた。》

首里を離れた直後の4月1日、米軍は沖縄本島に上陸しました。3日には恩納村と現在のうるま市石川の間で本島を南北に分断します。家族は米軍の警戒をくぐり抜けることができました。

「父は家財道具を担いでいました。2歳半の安子は、三日三晩よく歩いたと思います」と与儀さんは語ります。

着いたのは現在の金武町金武です。家族は大きな鍾乳洞に入りました。既に千人もの避難民が中にいました。

※食糧不足、餓死の危機に

45年4月1日の米軍上陸の直前、10・10空襲後の避難先だった首里から三日三晩をかけ、与儀喜一郎さんの家族は金武町の鍾乳洞にたどり着きました。

既に千人余が避難しており、騒々しかったそうです。父の喜文さんは危機感を抱きます。これまでも米軍機の機銃掃射に遭っていました。

「がやがやしていて、敵にばれてしまう。ここにいては危ないと父は感じたようです」と与儀さんは話します。

喜文さんの判断で鍾乳洞を出ることにしました。

首里を離れた後、家族は食料不足に苦しんでいました。1歳に満たない与儀さんは餓死の危機に直面していました。

「少しミルクを持っていましたが、途中で切れてしまいました。その後は米のとぎ汁や、水に溶かした生みそを飲み、飢えをしのいだそうです」

我が子を飢えさせてはいけないと手を尽くした両親のおかげで与儀さんは生き延びました。「僕は恵まれていた方です。同年代で餓死した人は多かったんです」と語ります。

※砲撃で祖母・姉とはぐれる

金武町金武の鍾乳洞を出た与儀喜一郎さんの家族は、宜野座村松田の海岸沿いにあるアダン林に身を隠します。そこにも米軍が激しい攻撃を加えました。

《今の宜野座村松田のアダン葉の群生する海岸に到着して茂みに潜んだが、夜間に猛烈な米軍の艦砲射撃が始まった。みんながパニックに陥り、闇の中を安全な方向に走ったが、そのとき姉と祖母にはぐれた。》

はぐれたのは祖母ツルさんと2歳の姉安子さんです。米軍の艦砲射撃を受け、アダン林の葉陰に隠れていた避難民が大混乱となりました。ツルさんは安子さんの手を引いて逃げたといいますが、松田集落から離れたところにある小さな十字路で離ればなれになってしまいました。

「夜のことだったので、家族がどこに逃げるのかはっきり見えなかったそうです」と与儀さんは語ります。翌日、母ウシさんは安子さんとツルさんを懸命に探し回ります。

《母は翌日の昼間も2人を探して砲弾の中を走り回ったが、見つからなかった。》

ウシさんは3日ほど2人を探しました。しかし、手がかりはありませんでした。与儀さんは話します。

「母は砲弾の嵐の中、『安子、安子』と叫びながら、姉を探しました」

宜野座村松田の小さな十字路での別れが、安子さんとの永遠の別れになってしまいました。

※祖母は失語、姉の最期分からず

激しい艦砲射撃による混乱で祖母ツルさんと2歳の姉安子さんを見失った与儀喜一郎さんの家族は、米軍から逃れるため、宜野座村内の墓に入っていました。そこへ米兵がやって来ます。45年5月の中頃のことです。

「米軍にデテコイ、デテコイと呼ばれました。死ぬときは家族一緒だと覚悟して、墓を出ました。米兵は父にたばこを勧めましたが毒が入っていると思い拒否しました。すると、米兵は自分で吸って見せたそうです」

墓を出た家族は銃を構えた米兵の指示で人の住んでいない民家に向かいます。その後、村内に置かれた収容所へ移り、米軍の野戦病院で横たわっているツルさんと再会しました。安子さんの姿はありませんでした。

《祖母は米軍の野戦病院で見つかったが、姉については皆目分からないままであった。》

家族と離ればなれになった後、過酷な体験をしたのでしょう。ツルさんは言葉を発することができませんでした。野戦病院で治療を受けて回復した後、「安子に海の水を飲ませた」と語ったそうです。

当時、ツルさんは80歳を超えていました。「安子は餓死したのではないか。年を取っていたので食料を確保することは難しかったと思います。安子が死んだことがショックだったのでしょう」と与儀さんは話します。

※戦後、終わっていない

与儀喜一郎さんの家族は戦後、首里に戻ります。

姉の安子さんの行方は分からないままです。存命なら77歳。誰かに引き取られていないか、孤児院の名簿を確認したこともあったそうです。「戦後は終わっていないという感じがします」と与儀さんは語ります。

10・10空襲や松田での出来事を父喜文さんや母ウシさんから幾度も聞かされてきました。両親と共に松田海岸を訪れたこともあります。ウシさんが「安子、安子」と叫び、娘を捜し回った場所です。「母は全くの無言でした。お母さん、と呼んでも何も言いませんでした」と与儀さんは振り返ります。

与儀さんは寄せてくれた体験記の最後にこう記しました。

《今でも私は松田海岸に時々行って、顔も知らない姉に話しかけている。》

松田の海岸には今もアダンの木々が生い茂っています。家族が離ればなれになった場所とみられる十字路もあります。家族を引き裂いた悲しい場所です。

「姉の最後はどうだったのか、知りたいんです」

今も松田の海岸に通い続ける与儀さんの切なる願いです。

❖上原　芳雄さん（80歳）　豊見城市

※日本軍、瀬長島に砲台整備

近年、憩いの島として親しまれている豊見城市瀬長島にも戦争の歴史が刻まれています。上原芳雄さんはこの島で生まれ育ち、10・10空襲を目の当たりにします。

◇

10・10空襲の前、日本軍が瀬長島に砲台を築き、米軍機の襲来に備えました。島内の大きな家に兵士が暮らすようになります。島民は陣地構築や防空壕造りに取り組みます。

《日本軍が陣地造りのため来島した。物資不足で兵舎が足りず、民家にも分宿していたとのこと。食糧の調達にも島民は協力したという。》

上原さんの家の屋号は「二男東リ小」。父真良《しんりょう》さん、母ウシさん。男5人、女5人の10人きょうだい。大所帯なので、兵士の分宿はありませんでした。

瀬長島にこんな歌が伝わっています。作者は福岡県出身の海軍兵曹。島の青年が歌いました。

「出船　入船　戦争船《いくさ》／太平洋の波うけて／南を守る防波堤／我らのすみか瀬長島」

真良さんは漁師の網元を務めていましたが、日本軍に徴用され石垣に行きました。捕った魚を軍に納めたのです。「父は当時41歳のうみんちゅ。潜りが上手で、石垣では魚捕りばかりさせられていたそうです」と芳雄さんは語ります。

芳雄さんは島内にある幼稚園に通っていました。「空襲だ、空襲だという先生の合図で目と耳を押さえ、くぼ地に隠れる防空演習をやりました」と当時を思い出します。島全体が戦雲に覆われていました。

※壕に避難も島に攻撃なし

当時、瀬長島の集落には30戸余、約200人ほどが暮らしていました。上原芳雄さんのきょうだいは船で対岸に渡り、学校に通っていました。

空襲の日の朝、姉がいつも通り学校へ向かう頃、米軍機が襲来し、那覇飛行場への攻撃を始めます。島民は最初、演習と思っていました。姉は「敵機が来た、学校へ行くな」と島にいた日本兵に呼び止められます。島民は壕への避難を始めました。

《その日、米軍は攻撃目標を那覇市と飛行場に決めていたらしく島には集中的な攻撃はなかった。当時、私は5歳。逃げ遅れ、山の中腹にあった防空壕にたどり着いた時には米軍の攻撃は収まっていて、3門の大砲は単発的に発砲音がしていた。

飛行場には日本の戦闘機数機が横たわっていて、その向こう側に空いっぱいの黒煙が見えたのを覚えている。》

島民は壕の近くから那覇の街や飛行場を見ていました。島への攻撃はなく「とても静かでしたよ。時々、日本軍が大砲を撃つのが聞こえました。遠くから見ていたので、戦争が始まったというイメージはなかったです」と上原さんは語ります。

※島への帰途　父犠牲に

瀬長島は10・10空襲による被害はありませんでしたが、上原芳雄さんの家族に悲しい知らせが届きます。父の真良さんが犠牲になったのです。

真良さんは日本軍に徴用され、石垣島で漁をしていました。その任務を解かれ、船に乗って瀬長島へ帰る途中、久米島沖で米戦闘機の攻撃に遭い、亡くなりました。同じ船に乗っていた人が家族に悲報を伝えました。

「私の父の命日は10月10日です。その日から母の苦しみが始まりました」と上原さんは語ります。

戦争はさまざまな悲劇を生みます。那覇方面に襲来し、日本軍の反撃によって那覇市小禄沖に墜落した米軍機を調べた日本兵から兄が聞いた話です。

《米軍の戦闘機が撃墜され操縦士は死亡、犬と家族の写真を持っていたという。戦争は勝ち負けに関係なく無惨なもの。二度とあってはならない。》

10・10空襲の後、瀬長島は戦闘態勢が強化されます。日本軍の増強が進む一方で、島民は島からの退去を軍に命じられます。米軍の本島上陸直前の1945年3月後半までに、島民はやんばるや島尻に避難します。上原さん家族は日米両軍の激しい戦闘の中、島尻をさまよいました。

※家族で避難、兄も犠牲に

日本軍の命令で瀬長島を離れた上原芳雄さんの家族は、対岸にある豊見城の我那覇集落に防空壕を造って避難します。

その後、真玉橋へ向かったものの地理が分からず引き返し、親戚の墓に隠れました。そこへ沖縄本島に上陸した米軍が進攻し、15歳の兄が米軍の砲撃で命を落とします。

家族は与根へと逃れました。米軍の艦砲でできた「カンポー穴」があちこちにありました。

「墓を出て、母の袖を握って逃げていると、あぜ道の真ん中にあったカンポー穴に落ちそうになりました。怖かった。あの恐怖は今も忘れられません」

与根では数珠森《じじもー》にあった壕に入りました。母方の親戚も一緒でした。

家族はさらに南下し、糸満の報得川に架かる橋を渡って国吉、真壁、喜屋武と逃避行が続きます。砲弾が間近に落ちるなど、生命の危機に直面しました。

「現在のひめゆりの塔近くの民家の馬小屋に隠れていました。そこに砲弾が落ち、母屋にいた大勢の人は全滅しました。私は気絶しましたが、家族は誰もけがをしなかった。運でしょうね」

6月、家族は名城の海岸で米軍に捕らわれました。瀬長島を出た後の逃避行は終わりました。しかし、戦後の苦しみが家族を待っていました。

※戦後も苦難、母が一家支え

日本軍の命令で瀬長島を離れ、戦場をさまよった島民のうち約50人が亡くなりました。戦後、上原芳雄さんらは収容所を出た後も島に戻れませんでした。米軍が島を占拠していたのです。土地を奪われた島民は現在の豊見城警察署一帯に集落を築きます。しかし、51年のルース台風で被害を受け、島民は瀬長島の対岸に位置する志茂田という地に現在の集落を築きます。

苦しい生活が続きました。父真良さんが10・10空襲の日に亡くなり、母ウシさんは家族を支えるため、懸命に働きました。

「与根の塩田で作られた塩を売りました。母は戦前に魚の行商をした経験があり、かつてのお客との関係が続いていました。家に塩が残っているのに、買ってくれた人もいたようです。買い助き（こーいだしき）ですよ」

米軍の艦砲射撃で地面にできた「カンポー穴」で育った魚を売ることもあったそうです。たくさんの子を育てるため、ウシさんはたくましく生きました。

瀬長島は77年に返還されましたが、米軍が占有している間に地形は変わっていました。元島民は新たな集落で生活の安定を徐々に取り戻しました。

かつての島の暮らしを知る人は少なくなりました。瀬長島は県民の憩いの場となりましたが、上原さんら元島民にとって今もかけがえのない故郷です。

❖石川 和男さん（65歳） 那覇市

※首里崎山の墓、多くの人が避難

10・10空襲の体験者以外にも、10・10空襲に関わりがある人がいます。那覇市首里大中町に住む石川和男さんはその一人です。

◇

石川さんは1954年2月の生まれ。戦争を知らない世代です。10・10空襲で焼け出された人々が首里崎山町にある家族墓に避難したという話を親類から聞きました。

《首里台地の南西、通称ハナンダーと呼ばれるヒジ川坂《ビラ》中腹の墓地群にわが家の墓はあります。大正初期に建てられたもので小ぶりですが、立派な破風墓です。75年前の10・10空襲の際、被災された方々が数日間、この墓で避難されていたようです。》

ヒジ川ビラは琉球王朝時代に首里から南へ向かう幹線道路の一つとして整備されました。那覇市の史跡です。墓地群は瑞泉酒造の裏手に広がる住宅地の近くにあります。

《骨壺《こつつぼ》を御庭《ウナー》に出して、中で過ごし、退出の時にはまた、中に納めていずこかへ旅立たれたそうです。85歳の叔父から聞きました。》

その叔父も戦時中は熊本に疎開しており、お墓の話は戦後聞かされました。墓に何人が避難していたのか、墓を出てどこへ向かったのかは分かりません。

「私たちの墓だけではなく、周囲にある墓にも多くの人が避難したのではないでしょうか」と石川さんは推測します。

※市街焼く炎　見下ろす墓

沖縄戦の激しい地上戦のさなか、県民が墓に避難したことはよく知られています。前年の10・10空襲の時にも、首里の家族墓が避難場所となっていたことに石川和男さんは驚きます。

石川さんは肉親の骨つぼを納める時など、何度か墓の中に入ったことがあります。内部は自然の岩肌で、外見から想像する以上に広いといいます。現在、10個ほどの骨つぼが並んでいます。

「この墓のある場所からは、識名を挟んで那覇方面が見えるんです」と石川さんは語ります。10・10空襲の日の夜、避難民は市街地を焼き尽くす炎で赤く染まった空を墓の前から見ていたのかもしれません。

石川さんの父の逢正さんは1919年、首里の生まれで、兵役を経験しました。日本軍の第六師団の兵士として中国大陸へ渡り、パプアニューギニアのブーゲンビル島で敗戦を迎えました。横須賀、宇都宮、熊本を経て沖縄に戻ります。

「体調を崩した父は宇都宮で入院していましたが、寒さを避けるため熊本に移動しました。その時、看護婦1人が熊本まで付き添ってくれたそうです。敗戦国なのに、こんなことをやってくれたんですね」

戦争体験をよく語ったという逢正さんは20年ほど前に他界し、お墓の中の人となりました。

※首里城焼失　戦時を想起

２０１9年10月31日未明、首里城正殿など主要7棟が焼失しました。龍潭の近くに住む石川和男さんはサイレンの音で目が覚め、家の屋上から炎上する首里城を見ました。

「私は戦争を知らないけれど、戦争の時と同じだと思いました」と石川さんは語ります。国や那覇市消防が公開した火災現場の映像は、沖縄戦で破壊された首里城を撮った米軍の記録写真と印象が重なります。

沖縄に配備された日本軍・第32軍は、首里城地下に作戦の拠点となる司令部壕を築きました。日本軍が壕の構築を始めたのは10・10空襲から約2カ月後の１９４４年12月上旬です。沖縄師範学校男子部の生徒らを工事に動員しました。45年４月に上陸した米軍の猛攻で首里は灰燼《かいじん》に帰しました。

30年ほど前、石川さんは首里城南の金城町側から司令部壕に入ったことがあります。「壕を使ったのはわずか2カ月あまり。何とも言えない気分でしたね」と振り返ります。

石川さんは清明や旧七夕のころ、10・10空襲で家を失った人々が避難した墓を訪れます。送ってくれたはがきの最後をこう締めくくりました。

《今度、清明の時、妻や子や孫に、ここで数日、雨露をしのいだ家族がいたことを話そうと思いました。語り伝えることは大事なことですね。》

❖比嘉 初枝さん（82歳） 豊見城市

比嘉初枝さんは現在の南城市玉城字前川で10・10空襲を知ります。沖縄戦では弟と祖母を失いました。

※米英の旗 踏みつけ登校

◇

《75年前、私は玉城村前川に住んでいました。私は7歳でした。10・10空襲で那覇市が焼かれたことを父から教えてもらいました。その当時、父は部落の書記をしていました。そういうこともあって、いろいろな情報を軍を通していち早く教えてもらいました。》

比嘉さんは1937年2月の生まれ。10・10空襲当時、国民学校の2年生でした。両親、祖母、兄、弟、妹の7人家族でした。学校では軍国教育が徹底していました。当時の様子をこう振り返ります。

「学校の校門にアメリカ、イギリスの旗があり、それを踏んで登校しました。『アメリカ イギリス 我らの敵ぞ』や『空襲警報聞こえてきたら』という歌詞の歌を歌いました。防空訓練、人形を竹やりで突く訓練もありました」

44年、日本軍の第9師団（武部隊）が玉城国民学校に駐屯します。教室での授業ができなくなったため、児童は集落のむらやー（現在の公民館）などに分かれて学びました。

前川には陣地構築のため5人ほどの兵士がやって来ました。下校後、芋や黒砂糖、お茶を兵士の元に持って行くのが比嘉さんの日課でした。

このような日々の中、米軍機が沖縄を襲撃します。

※真っ赤な那覇　今も脳裏に

比嘉初枝さんは空襲で那覇が焼けたことを父から聞き、集落の高台から那覇の方向を見ます。

《その日の夕方、裏山の高台まで行き、那覇の方向を見ましたら、上空が夕焼けに染まったように真っ赤だったことを覚えています。》

前川集落の高台からは那覇や首里が一望できます。

「那覇が焼けたよ、と父から聞き高台に行きました。本当に真っ赤でした。怖かった。空の色が脳裏に焼き付いています。忘れることができません」と比嘉さんは話します。

恐怖を感じたものの、自身が地上戦に巻き込まれるとは予想していませんでした。12月には玉城国民学校に駐屯し、前川集落で陣地を造った第9師団（武部隊）は台湾に移動します。

戦争を実感したのは10・10空襲から約5カ月後の45年3月23日のことです。その日は学校の終業式で、家では赤飯を炊いていました。

《朝早く、空襲警報が鳴り響きました。学校へ行かずに屋敷内の防空壕に隠れました。それから夕方、戦争に備えて父たちが掘った防空壕に移動しました。》

この日から一家の避難生活が始まりました。

※祖母と2歳の弟失う

比嘉初枝さんの家族ら前川の住民が隠れた壕は、集落の生活用水として使っていた「前川樋川《まえかわひーじゃー》」の周囲にありました。10・10空襲の後、2、3世帯が一組になって避難できるよう住民が掘ったものです。壕は今も残っており、「前川民間防空壕群」と呼ばれています。

「母のいとこ家族や父の親戚など10人あまりが私たちの壕に避難していました」と比嘉さんは話します。

2015年、前川樋川の壕へ移った後の体験を歌にしました。「十九の春」の替え歌です。

《その後、毎日空襲と　艦砲射撃の音ばかり　小さいながらも戦争の　怖さを思い知らされた
日増しに戦争激しくなり　弾丸飛び散るその中を　夜は食料探しにと　大人は時々出かけます》

家族はこの壕で約3カ月以上過ごしました。この間、米軍の砲撃で祖母と2歳の弟の正之さんを失います。両親、母のいとこもけがをしました。

《その防空壕で捕虜になるまで約3カ月の生活でした。そこで祖母と弟が戦死、父は腕に破片、母はふくらはぎを貫通して歩けなくなり、とても悲惨な生活を強いられました。》

息絶えた2人は壕の近くに葬られ、戦後、骨を拾いました。2人の名は糸満市摩文仁の「平和の礎」に刻まれています。

※壕に米兵、泣きながら投降

祖母と弟を失った比嘉初枝さんの家族が潜んでいた壕の周辺には、多くの避難民がなだれ込んできました。

そのころ、米軍に捕まれば男は殺され、女は辱めを受けるといううわさが流れていました。そこで家族は男女で別行動をとることになり、父と兄は壕を出ます。

女性ばかりが残された壕に米兵が来たのは6月下旬のことでした。「十九の春」の曲に乗せた替え歌で、比嘉さんはこうもつづります。

《やがて戦争も終わり近く　突然米兵やってきて「カマーン　カマーン」と手招きを　私は泣きながら手を上げる

その後米兵壕の中　覗き込んで怪我人の　歩けないのを見てとると「ザッツ　オッケイ」と去って行った》

その後、米兵は二つの担架で母と母のいとこを運びます。けがをしていた母は塩水で傷口を消毒していたそうです。比嘉さんは語ります。

「米兵が怖くて、私は両手を上げ、泣きながら壕を出ました。『カマーン』という米兵の声を聞いて、壕の奥にいた母たちは『カマルーはいないのにねえ』と話していたそうです。今となれば笑い話です」

米軍に捕らわれた家族は知念村（現南城市）の知念集落に移動します。

※父や兄と知念で合流

比嘉初枝さんの家族は知念集落にある民家でしばらく過ごします。壕を出て行った父や兄とも合流しました。

『玉城村史　戦時記録編』によると、戦争で亡くなった人は前川集落だけで452人に上ります。38世帯は家族全員が犠牲となりました。

戦争前、校門でアメリカやイギリスの国旗を踏んづけたり、敵に見立てたわら人形をつついたりしたことに、比嘉さんは疑問を感じていませんでした。

「こんなひどい戦争になるとは思っていなかった。戦争のことをあまり話したくないというのが本音です」と語ります。今も、実家があった前川集落を夜歩くのは嫌だと言います。

自身の体験を語るようになったのは4年ほど前。豊見城市嘉数の字誌編集作業で体験記を求められたことがきっかけでした。「沖縄戦体験者が書かなければ。頑張って書こうよ」と説得され、ペンを握りました。

本紙に寄せた体験記で比嘉さんは、こうつづります。

《二度と戦争はごめんです。世界中から戦争がなくなり、平和で世界中の人々が自由に往来できる日が一日でも早く訪れることをお祈りいたします。》

【「若い皆さんへ」──80代の女性から寄せられた手紙】

※「恐怖」の記憶　平和へ継ぐ

沖縄市に住む80代の女性から、10・10空襲後の沖縄の空気が伝わってくる便りが届きました。投稿ではありませんが「若い皆さんに読んでほしい」と希望しておられます。

《あれが10・10空襲の朝だったかと思います。まだ幼かった私の記憶です。

当時、宜野湾街道のうっそうとした松並木の続く村。あるお宅の一番座に私たち家族はお世話になりました。空襲の激しかった那覇から逃れて間もなくです。普天間国民学校に籍を置いたのがほんの10日間か、1カ月か。記憶も途切れ途切れです。

しばらくして九州へ疎開しました。そのころ沖縄は朝になく夜になく空襲警報のサイレンが鳴り響き、みんな一口に言って「恐怖」におびえる毎日でした。

話したいことは、幼い記憶の中にある「恐怖」。頭の中に鮮やかにあります。

戦後、大人たちは激戦のことは話したくなかったようです。

幼い私の記憶の中にある「恐怖」は疎開船の出港前の那覇上空の煙幕。思い出したくない「恐怖」、忘れられない那覇港です。》

短い文章の中には「恐怖」という言葉が幾度も記されています。忘れ難いのでしょう。女性が感じた恐怖、平和への願いを継いでいきたいと思います。

2. 根こそぎ動員

沖縄戦の特徴の一つに、「根こそぎ動員」があります。多くの県民が戦場に送られました。飛行場建設や陣地構築にも駆り出されました。地域で駐屯する日本軍のため食料や家屋の提供を求められました。沖縄は本土を守る防波堤の役目を担わされ、県民、食料、土地・家屋が文字通り根こそぎ動員されたのです。

沖縄本島で飛行場建設が始まったのは１９４３年の夏ごろからです。44年３月に創設された第32軍は飛行場建設を加速します。宮古、石垣、伊江島などの離島を含め県内に建設された飛行場は16カ所。建設過程で住民の土地が強制的に接収され、男女を問わず多くの県民が建設に参加しました。

44年夏以降、32軍の沖縄駐屯が本格化します。兵隊の食料は県民の供出に頼ります。兵舎代わりに県民の住居も徴用され、学校の校舎も兵舎として使われました。同時に陣地構築が進み、県民が動員されました。

32軍司令部の牛島満司令官は44年８月、「現地自活に徹すべし」「地方官民をして喜んで軍の作戦に寄与し進んで郷土を防衛する如く指導すべし」との方針を示しました。「現地物資を活用し一木一草といえどもこれを戦力とすべし」とも訓示しています。「根こそぎ動員」を鮮明に示すものです。沖縄の「根こそぎ動員」は38年に制定された「国家総動員法」が目指す国民の戦争協力体制の最たるものでした。そして米軍上陸が近づくと県民は防衛隊や学徒隊などの形で、激しい地上戦に巻き込まれました。

❖波照間 寛さん（91歳） 竹富町南風見（西表島）

※国のための教育浸透

波照間寛さんは1928年、波照間島で生まれ、波照間国民学校に通いました。この島でも軍国教育が浸透していました。子どもたちは国に尽くすよう教えられました。

「学校に行けば教育勅語の『朕《ちん》惟フ《おもう》ニ《に》――』から始まるでしょう。あの頃は、お国に奉公することを徹底して教えられました。国のために死ぬことが本望だと思っていました」と、当時の学校の雰囲気を振り返ります。

兵士に志願し、石垣島の登野城国民学校で検査を受けました。航空兵に憧れていましたが、自分には体力が足りないと思い、整備兵や機関兵に願書を出しました。

学科試験は合格したものの、身長が低かったため不合格となります。悔しくて「泣きながら島へ帰った」といいます。

43年、県立水産学校を受験し、合格しました。三つ上の兄、徹さんが水産学校に通っていました。「海が好きで、時々カツオ船に乗って魚を捕っていました。波照間島には財産はないので海に出ようと思い、水産学校で学ぼうと思いました」

※進学するも軍事教練の日々

波照間寛さんは沖縄県立水産学校への入学が決まったものの、学校がある那覇へ渡るのに苦労しました。

《八重山から那覇行きの定期航路等は順調ではなかった。しかし、何とか那覇に渡ることができました。一週間遅れで入学を果たしました。》

当時の県立水産学校は那覇市住吉町の那覇港の入り口にありました。現在、那覇軍港のある場所です。下宿先は垣花町の海岸端にあった民家で、久米島や本部出身の生徒ら5、6人と暮らしました。

入学した波照間さんを待っていたのは先輩たちの心ない暴力でした。

《上級生から毎日のように叩《たた》かれ、淋《さび》しく涙を流すこともありました。》

波照間さんが入学した時点で、既に水産学校は「勉強どころではなかった」といいます。服装も軍国調。毎朝、襦袢《じゅばん》を巻くのに手間取りました。

《学校では教科指導よりも軍事教練が主に行われていました。私ら学生は靴などはなく、カーキ色の上着に巻き襦袢、地下足袋、戦闘帽という姿で登校しました。》

学校教育は軍事色が強まって行きます。垣花町の下宿で寝起きした先輩たちも航空兵、予科練を目指して、学校を後にしました。命を落とした先輩もいます。

「今は彼の冥福を祈るばかりです」と波照間さんは語ります。

※陣地構築のため各地へ

山本五十六連合艦隊司令長官の戦死（43年4月）、東条英機首相の来県（43年7月）などの出来事に接するなかで、沖縄県立水産学校に通う波照間寛さんは戦況の悪化を感じるようになりました。

生徒は陣地構築などの作業に駆り出されるようになります。

《那覇港を出入りする警備艇の燃料タンクのためのドラム缶転がし、小禄飛行場の拡張工事、仲西飛行場の作業などに駆り出されました。》

飛行場建設は第32軍が創設された44年3月以降に本格化します。小禄飛行場は戦後、現在の那覇空港となります。仲西飛行場は浦添の西海岸沿いに建設されました。場所は現在の米軍キャンプ・キンザー（牧港補給地区）内です。

読谷飛行場の建設にも動員されました。嘉手納まで軽便鉄道で行き、学校の校舎で寝泊まりしながら、作業に従事しました。

作業はさほどきついとは感じませんでしたが、食料と水不足に悩みました。馬車で水を運ばなければならず、十分に風呂に入ることができない状況でした。

《食事は麦飯、味噌《みそ》汁には大根一切れか大豆一個が入っておれば良い方でした。洗濯も思うようにできないため不潔になり、しばらくするとシラミに股や腋《わき》などを噛《か》まれました。》

10日ほどの作業を終え、那覇に戻った後も陣地構築が続きました。

※漁船で波照間島へ帰郷

読谷飛行場の建設工事から那覇に戻った波照間寛さんは、息つく暇もなく高射砲陣地の構築作業に動員されます。１９４４年夏のことです。

《読谷での10日間ほどの作業を終わって那覇の下宿に帰り、ほっとして翌日登校すると、今度は那覇と小禄の間にあるがじゃんびらの松林の中の高射砲陣地構築作業に動員されました。》

がじゃんびらでは高射砲の周囲に土のうを積み上げる作業に従事しました。

夏休みになり、下宿で一緒だった先輩や同級生は本部や伊江島、久米島などへ帰省しました。

八重山への定期船がなく波照間さんは帰省を諦めかけていましたが、日本軍に徴用され奄美大島に軍需物資を運んでいた波照間のカツオ漁船・昭洋丸に乗ることができました。

《船長に「那覇にいると大変よ、準備して明朝早く乗船しなさい」と誘われ、昭洋丸に乗船することになりました。共に乗船した方の中には波照間島出身で沖縄師範学校在学中の仲底長善さん、白保政吉さん、県立第一高等女学校の島村ヤス子さんもいました。》

昭洋丸は二昼夜の航海を経て石垣港に寄港し、波照間島に帰ることができました。その後、昭洋丸船長が予想した通り、那覇で大変な出来事が起きます。

※「那覇行き」で運命分ける

44年10月10日、米軍機が南西諸島の島々を襲い、那覇市は壊滅的な被害を受けました。波照間島に戻っていた波照間寛さんにも10・10空襲の報が届きました。

夏休みの期間が終わり、那覇へ戻るため何度も石垣島に渡りましたが、那覇行きの船はありませんでした。県立水産学校から復学するよう通知もありましたが、空襲の知らせを受け、那覇行きを諦めます。結局、波照間さんは水産学校を退学しました。

ところが同じ漁船で波照間島に帰省していた沖縄師範学校の仲底長善さん、白保政吉さんはいつの間にか那覇に戻っていました。

「なぜ、2人が那覇行きの船に乗れたのか今も分からない。官費である師範学校の生徒だったことを配慮したのだろうか」と波照間さんは今も不思議に思います。このことが同じ波照間出身の若者の運命を分けました。仲底さん、白保さんは鉄血勤皇師範隊として戦場に動員され、命を落とします。

仲底さんは島では隣近所で親しい間柄でした。「私も那覇に戻っていたら、生きていないかもしれません」と波照間さんは語ります。今も沖縄本島を訪れるたびに糸満市の沖縄師範健児の塔に赴き、犠牲者の冥福を祈っています。

※命令で牛を大量処分

那覇から波照間島に戻っていた波照間寛さんの周囲には若者の姿はなく、子どもやお年寄りばかりだったといいます。島では農家の手伝いをしていました。

「若い人は日本軍に徴用されたり、飛行場建設などに動員されたりしていました。私は水産学校に通っていた時の下宿がある那覇市垣花町に住所を残していたため、動員されませんでした」

44年11月、石垣島で第506特設警備工兵隊が編成され、白保飛行場の修復などに携わります。軍歴のない農家や漁師も根こそぎ動員されました。軍服は支給されず、雨の日にみの笠《かさ》を着ていたことから「みのかさ部隊」と呼ばれるようになります。

45年1月ごろ、「山下虎雄」と名乗る軍人が青年学校の指導員として西表《いりおもて》島から波照間島にやってきました。陸軍中野学校出身の軍曹で、ゲリラ戦を指揮する諜報員として配置されたのです。「山下虎雄」は偽名で、本名は酒井喜代輔（酒井清）といいます。

山下軍曹は波照間島に米軍が上陸する恐れがあり、米兵の食糧となる可能性があるという理由で、住民が飼っている牛の処分を命じます。

波照間さんも作業に参加し、70頭もの牛を処分したといいます。

山下軍曹はその後、西表島に疎開するよう住民に命じました。この強制疎開によって多くの住民が犠牲となります。

※強制疎開、暴力で住民支配

45年3月末、石垣に配備されていた日本軍・独立混成第45旅団は波照間島の住民に対し、西表島に疎開するよう命じました。

疎開先は西表東部の古見、南東部の南風見《はえみ》、東海岸沖に浮かぶ由布《ゆふ》島です。南風見はマラリアの有病地帯として知られていました。波照間寛さんは南風見地区に疎開しました。

住民は疎開に抵抗しましたが、諜報員として波照間島に派遣されていた山下虎雄軍曹は軍の命令を住民に強要しました。強制疎開は4月8日に実施されます。

波照間さんは当時の島の雰囲気をこう振り返ります。

「島で最も尊敬されていたのは学校の校長と巡査でした。山下軍曹は軍の命令に従わないという理由で巡査を殴ることがありました。それ以降、住民は山下軍曹を怖がるようになりました」

山下軍曹は若い男女を集め「挺身隊《ていしん》」という組織を作ります。波照間さんもその中の1人です。

「挺身隊は女性が多かったです。『一つ、軍人は忠節を――』という軍人勅諭を朗読しました。朝から夕方まで訓練をし、必要があれば作業をしました」

山下軍曹は学校の教師に命じ、挺身隊員を殴らせることもありました。「周りで見ていた親たちは泣いていました」と波照間さんは話します。山下軍曹には誰も抵抗できずにいました。

その後、南風見地区に疎開した住民はマラリアに苦しみます。

※マラリアの島　552人犠牲

西表島の南風見に疎開した波照間島住民の間でマラリアがはやり始めたのは、45年5月ごろからです。薬と食糧が不足し、7月以降、死者が続出します。

諜報員の山下虎夫軍曹が作った挺身隊の一員だった波照間寛さんはマラリア患者を搬送する業務に当たりました。

8月7日から住民は波照間島に戻ります。食料も乏しく、ソテツで飢えをしのぎました。マラリアは波照間島でも猛威をふるい、波照間さんを含む家族全員も罹患しました。「石垣島にいた姉が波照間に戻ってきて看病してくれたので、犠牲者は出ませんでした」15日、日本は敗戦の日を迎えます。波照間さんは隊員から「日本は負けたそうだ」と伝えられ、涙を流しました。

波照間島住民１６７１人のうち５５２人がマラリアで亡くなりました。当時の波照間国民学校長、識名信升さんが悲劇を後世に伝えるため「忘勿石　ハテルマ　シキナ」の文字を刻んだ岩が南風見田の浜に残っています。

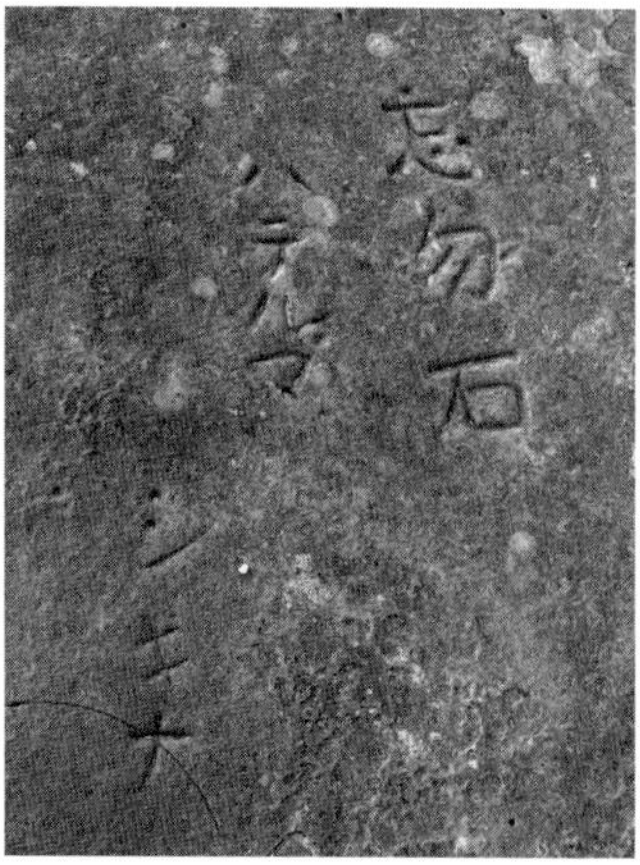

波照間国民学校長、識名信升さんが岩に刻んだ「忘勿石　ハテルマ　シキナ」の文字

「山下軍曹はいつ島を去ったのか分かりませんでした」と波照間さんは語ります。山下軍曹は89年８月、酒井喜代輔の本名で本紙の取材を受けました。45年10月ごろ、民間人になりすまして島を離れたと証言しています。

西表への強制疎開に関しては「軍の命令だった。私個人ではできない」と明かし、独立混成第45旅団（石垣）や32軍司令部（首里）を超えたところから命令が出たと語りました。

※マラリア犠牲者　今も悼む

西表島から波照間島に戻った波照間寛さんは、しばらく農業やカジキ漁などをして暮らしていました。

１９５２年、24歳の時に琉球政府の第１次計画移民で西表島に入植し、大富集落を築きます。波照間住民がマラリアで苦しんだ記憶が生々しい頃でした。以来、西表で暮らして68年になります。

戦争に振り回された青春時代でした。与那国島出身で、43年にガダルカナルで戦死した大舛松市さんを「軍神」とあがめる空気の中、「八重山出身者は軍神大舛に続け」と鼓舞されました。

波照間さんは振り返ります。「波照間に戻らず那覇に残っていたら10・10空襲に遭っていたかもしれない。那覇に戻り、水産学校に復学していたら戦場に動員されたかもしれない。マラリアにもかかったが生き延びた。私は本当に運が良かったのだと思います」

鉄血勤皇師範隊として戦場に動員され犠牲となった波照間島出身者の仲底長善さん、白保政吉さん、マラリアで倒れた多くの人々を今も悼みます。波照間さんの90年余の人生に、戦争はつらく悲しい記憶を刻んでいます。

【識者談話】大城　将保さん（80歳）南城市

※住民と軍、一体化で犠牲増

私が生まれ育った玉城村（現南城市玉城）百名では、海岸線沿いで陣地構築が進みました。現在の新原ビーチ付近です。多くの女性が動員され、私の母も駆り出されました。

当時、私は5歳くらいで、幾度も母に連れられ、陣地構築の現場に通い

ました。

１９４４年夏ごろから日本軍が百名に来ました。兵舎はなく、集落内の大きな家に日本兵が暮らすようになります。瓦ぶきの一番座には将校クラスが住みました。食料となる芋も日本軍に供出します。馬の餌となる草を刈るのは子どもたちの役目でした。

住民は日本軍の駐屯を歓迎しました。沖縄は見捨てられ、孤立していると引け目を感じていたのに、最強の軍隊が沖縄にやって来て自分たちを守ってくれると思ったからです。食料の供出、家の提供にも協力的でした。私も日の丸を振って日本軍を迎えました。

軍への供出によって、住民は食糧難に苦しみました。沖縄戦の悲劇はここから始まりました。幼稚園に通っているころ、防空訓練をしました。

私が最初に覚えた歌は、「空襲警報きこえてきたら　今は僕達小さいから大人の言うこと良く聞いて慌てないで騒がないで　落ち着いて　入っていましょ　防空壕」でした。

住民と一緒に暮らすようになった日本兵は、さまざまな戦争の話をするようになりました。しかし、本当の戦争の恐ろしさが伝わることはなく、住民は楽観していました。「根こそぎ動員」の中で住民と軍の一体化が進みました。

そのことによって米軍上陸後の多大な住民犠牲にもつながりました。


（『沖縄県史　各論編６沖縄戦』で「根こそぎ動員」を執筆）

3. 戦時の正月

「決戦下のお正月だとて一分の弛緩《しかん》もゆるされない。お正月を祝うのはよい。しかし、お正月気分に浮かれて敵に乗じられるようなことがあっては戦う国民とは言いがたい」

１９４４年12月31日、沖縄で発行されていた新聞「沖縄新報」に載った記事です。沖縄戦直前の緊迫した空気が伝わってきます。

戦時中、沖縄県民はどのような思いで年末を送り、正月を迎えたのでしょうか。どのような服を着たでしょうか。正月料理はあったでしょうか。旧正月はどうだったのでしょうか。

沖縄戦当時の年末、年始の思い出です。

❖仲村　元惟さん（82歳）宜野湾市

※特別な日　毎年楽しみに

仲村元惟さんは現在「宜野湾市史」編集委員です。沖縄戦の時は小学2年生でした。

仲村さんによると正月行事ができたのは1944年まででした。

《古い追憶の中から思いつくままに戦時期の正月を綴《つづ》ってみた。昭和19年の正月は例年と変わらずの正月であった。その後、第32軍が沖縄入りして、陣地構築や民間避難壕準備で慌ただしくなり、20年の正月は正月らしきものはなかった。》

生まれ育った佐真下は、首里から流れてきた士族がつくった屋取（やーどぅい）の集落です。当時は旧正月を祝いました。大みそかの前に4、5世帯が一組で豚をつぶしたそうです。正月料理の準備です。

《とぅしぬゆーる（大みそか）には、仏前に「まるちゃじし」（まな板の上にぶつ切りした豚肉）とニンニクの葉を供えた。まるちゃじしを食べるのは大人も子どもも年に一度のたんぱく源であり、楽しみだった》

晴れ着も楽しみでした。

《正月の朝は、前夜から枕元に準備してあった「しょうぐゎちじん」（正月の着物）と正月下駄《げた》を履くの

が楽しみだった。親が準備した正月着は、普段は着ない。「うぁーじ」といって、特別な日のよそ行きの着物にした。》

子どもたちにとって、正月は特別な日でした。

※楽しかった「正月年頭」

仲村元惟さんは旧正月の儀礼も綴ってくれました。

《元日の朝は、親やお年寄りに「いい正月やいびんやー」とあいさつした後は「若水迎え《わかみじ》」に村の産川《うぶがー》に水汲《く》みに行った。汲んできた水で、親やお年寄りが「はちうびー」といって子どもらの額に水を付け、頭の上に米粒を乗せて健康祈願をしてくれた。》

若水は元日の朝、最初に汲む水のことです。若水を火の神、神棚、床の間に供え、仏壇にはお茶湯《ちゃとう》にして供えます。そして、家族が額に3回若水を付ける「うびなでぃ」（お水撫で）をして1年間の健康を願います。

お年玉も楽しみでした。

《楽しかったのは「しょうぐぁちにんとぅ」（正月年頭）といって、きれいな着物に慣れない下駄《げた》を履いて、そうめん二束ぐらいを包んで親戚回りをすることであった。お年玉の2銭、3銭はもらえるから。子どもの遊びとしては、男の子はこま、女の子はまりつきであった。》

和やかな正月を送ることができたのは44年が最後でした。この年の3月、日本軍の第32軍が編成されます。8月には「石部隊」と呼ばれた第62師団が宜野湾に駐屯するようになります。

仲村さんが通っていた嘉数国民学校は兵舎となり、佐真下集落の大きな民家にも日本兵が暮らすようになりました。戦争が近づき、村の雰囲気が変わっていきました。

※戦争近づき寂しい正月

44年10月10日、沖縄の島々が米軍の空襲に遭いました。那覇市の9割が焼失し、普天満宮の参拝道「宜野湾並松」（じのーんなんまち）に避難民が押し寄せます。仲村元惟さんが住んでいた佐真下は、避難民の通り道でした。

「杖をついているおじい、大きなおなかの女性が子どもの手を引いて歩いていました。佐真下の住民が避難民にイモやサトウキビを配っていました」

多くの住民が陣地構築に駆り出されていました。10・10空襲以降、戦争が近づいているのを肌身で感じていました。仲村さんの40代の父・清光さんも日本軍に徴用されました。45年は正月どころではなくなります。

「豚をつぶしたという話を聞かなかったし、お年玉もなかった。寂しい正月でした」

それでも宜野湾に駐屯していた日本軍は新暦で正月を祝ったといいます。酒を飲み、演芸会を開いたとも聞きました。仲村さんは友だちと日本軍がいた嘉数国民学校に遊びに行きます。

「外から教室をのぞくと、軍曹が乾麺包とこんぺいとうをくれました」と仲村さんは語ります。乾麺包は非常食の乾パンのこと。ささやかなお年玉でした。

家の近所にも日本兵が住んでいました。お正月に何をするのか、ある日本兵に尋ねたことを覚えています。日本兵は「ピーヤコッコイに行く」と答えたそうです。

戦後、仲村さんは「ピーヤ」は朝鮮人の女性がいた「慰安所」のことだったと知ります。

※子のために　父のかつお節

45年3月末、上陸を前にした米軍による空襲、艦砲射撃が始まります。仲村元惟さんは母ヒデさんらと共に3月24日ごろ、佐真下を離れ、北部へ逃れます。

そのころ、父の清光さんが配属された宇土部隊（独立混成第44旅団第2歩兵隊）は本部町の八重岳周辺に駐屯していました。

宜野湾の住民の疎開先は今帰仁に割り当てられていましたが「なかなか疎開に動こうとはしませんでした」と仲村さんは話します。

住民の行動も今帰仁へ疎開する者、宜野湾にとどまりガマに身を潜める者、日本軍と共に本島南部へ移動する者に分かれました。

家族は今帰仁村謝名の「トンネル壕」と呼ばれたところに避難します。そこで父清光さんから手紙を託されたという本部出身の女性と偶然出会います。健堅の民家に食料を預けているといい、手紙には「子どもを元気づけてほしい」と記されていました。

ヒデさんは日米両軍の戦闘が続く中、健堅に向かいましたが、清光さんは切り込みに出た後でした。翌朝、ヒデさんはかつお節を手に謝名へ戻ってきました。母が泣いている姿を仲村さんは覚えています。

「戦後、父が戦死した本部から石を拾い、お墓に納めました。戦争とはこんなものです」

その後、仲村さん家族は米軍に捕われ、羽地村（現在の名護市）仲尾次の収容所へ行きます。

※故郷の集落、米軍基地に

羽地村仲尾次の収容所に移された仲村元惟さんの家族は命の危機から脱したものの、空腹に耐える日が続きました。

「配給はおにぎり1個。いつもお腹が空いていました。ツワブキやノビル、クワの新芽を取って食べていました」

45年末、宜野湾住民は野嵩の収容地区に移動することになりました。仲尾次よりも食料事情がいいという話でした。移動はクリスマスの日だったと記憶しています。

「野嵩に行って驚きました。米軍配給の缶詰がたくさんありました。近くに米軍基地が造られたからなのでしょう。とても、ぜいたくに感じました」

佐真下集落は米軍基地に土地を奪われていました。収容地区を出た住民は別の場所に暮らさざるを得ませんでした。生活は貧しく、多くの住民は基地に職を求めました。

「でも母は絶対に基地で働くことはありませんでした」と仲村さんは語ります。夫の清光さんを戦争で失った悲しさからでしょうか。反米姿勢を打ち出していた瀬長亀次郎さんの演説会に親子で行くこともありました。

その後、仲村さんは教職に就きます。宜野湾市史編集委員として市民の戦争体験を調査しました。戦後75年、かつて仲村さんの家があった場所は今も普天間飛行場の金網の向こうです。

❖金城　正子さん（77歳）嘉手納町

※懐かしい旧正月の体験

《私は、生まれは戦前だけど、戦中は三歳でした。戦前戦中の正月のことは体験はしていません。しかし、戦後の旧正月の風景は体験したので、現在でも懐かしく思い出しています。》

金城正子さんは１９４２年2月、本部町上本部の生まれです。父の彦太郎さんは大阪で召集され、沖縄戦の時は「宇土部隊」と呼ばれた独立混成第44旅団第2歩兵隊の兵士でした。45年4月、伊江島で戦死します。31歳でした。

金城さんの母文子さんの元に戦後届いた戦死公報には、「陸軍曹長　仲村彦太郎　昭和二十年四月二十一日　沖縄群島伊江島方面に於て戦死す　右報告します」と記されています。45年4月21日は伊江島の日本軍が壊滅した日です。

金城さんは父の顔をはっきりとは覚えていませんが、母と共に伊江島で父と面会した記憶がかすかに残っています。45年3月ごろのことです。その時にもらったコンペイトーの味が今も忘れられません。

「その時、お母さんは弟を身ごもっていました。お父さんは息子を見ないまま亡くなりました。弟はお父さんの顔を知りません」

彦太郎さんの遺骨はありません。戦後、伊江島から拾った3個の石を骨壺に納めました。

※ソテツを食べ飢えしのぐ

45年になり、米軍の空襲が激しくなります。金城正子さんの家族は戦火を逃れ山に避難しました。食料と壕を求め、逃げ惑います。

「3歳の私を連れ、母と祖母は山中を逃げ回りました。子どもが泣くと危ないという理由で壕に入るのを断られることもあったといいます」

家族は久志村（現名護市）大浦にたどり着き、その後、山を下りて羽地村（現名護市）田井等の収容地区に入ります。10月には弟が生まれました。

収容地区の様子を「人がぐゎさぐゎさしていたよ」と話します。本部町や伊江島の人も大勢集まっていたといいます。米軍からメリケン粉の配給がありました。弟のおしめを洗うのは金城さんの役目でした。

田井等収容地区でしばらく過ごした後、家族は本部町新里に戻ります。父を伊江島の戦闘で失った母と子の戦後が始まります。

食料が不足していました。餓死《がし》の危機に直面していた家族はソテツを食べ、餓えをしのぎました。ソテツは決しておいしいものではありませんでした。毒も抜かなければなりません。

「ソテツを食べていましたよ。ソテツのケーラニー。ケーラはかけらのことです。幹を削って、水に漬けて毒を抜く。そのまま数日するとウジ虫が湧いた。何回か水を替えているとすかすかになり、みそを入れて炊いても味がしない。本当においしくなかった」

旧正月を祝うようになったのは数年後のことでした。

※手作りの下駄でおめかし

田井等収容地区から本部町新里へ戻った金城正子さんの家族の貧しい生活が続きました。５歳から小学３年までは伊江島にいる祖母の元に預けられました。伊江島の浜辺から母や弟のいる本部町を見て寂しい思いをしたといいます。

そんな暮らしの中で旧正月が巡ってきます。正月料理の主人公は豚でした。幼かった日の正月の風景を懐かく思い出します。

《あの当時の正月の準備と言えば、まずは正月三日間の食べ物の準備でした。正月用としてどの家庭でも豚を飼っていました。普段は粗衣粗食、質素な暮らしでしたから、栄養源として動物性のタンパク質を補給するためだったのでしょう。旧12月28日から29日頃は、あっちこっちで豚の悲痛な鳴き声が聞こえました。》

若水を汲《く》むのは子どもの仕事。若水を顔に撫で付け、健康を願いました。浜辺の砂を取ってきて、庭にまいたといいます。門松も立てました。

《貧しいながらも正月はどこの家庭でも賑《にぎ》やかにしていました。普段は素足だけど正月だけは下駄《げた》も履きました。》

下駄といっても手作りです。「ツーバイフォー」と呼ばれた米軍配給建材の切れ端を足の大きさに切って、鼻緒を付けて履いたのです。普段着は米軍のＨＢＴを仕立て直したものでした。そんな時代のささやかな旧正月のおめかしでした。

※弾薬処理船が爆発「また戦どぅやがや」

親元を離れ、伊江島で幼少時を過ごした金城正子さんを預かった祖母は、雑貨商と小さな居酒屋を営んでいました。

養豚が盛んな伊江島には、豚を買い付ける売人が各地から集まりました。売買が成立すると売人は祖母の店でお酒を飲んだそうです。金城さんは豚で生計を立てていた人々を間近で見てきました。

激しい地上戦の後も伊江住民の苦労は続きました。45年5月、米軍の命令で住民は渡嘉敷村と座間味村に強制移動します。久志の収容地区にも伊江住民がいました。島に戻ったのは47年3月。その間、米軍は基地建設を進めました。

幼い金城さんは、爆弾の破裂音を幾度か聞きました。「戦争が終わったはずなのに、伊江島ではまだ戦争をしている感じだった」と振り返ります。

48年8月6日、米軍の弾薬処理船（ＬＣＴ）に積んだ爆弾が波止場で爆発する事故が起きます。渡久地港から入ってきた船の乗客や出迎えの住民ら１０７人が犠牲となります。爆発音と地響きに驚いた金城さんは祖母と事故現場に向かいます。祖母は「また戦《いくさ》どぅやがや」と声を震わせていました。

「黒焦げになった娘の死体を背負った親戚のおじさんの泣き顔が忘れられません。幼い姉妹を残して亡くなったおばさんもいました。その回りを取り囲んだ親戚が泣いていました」

敗戦から約３年。島は戦世《いくさゆ》が続いていました。

※貧しさ耐え生き抜く

伊江島で祖母と暮らしていた金城正子さんは小学校3年の時、母が暮らす本部町新里に戻ります。母は再婚し、弟が生まれました。「小学校3年から6年まで、弟をおぶって小学校に通いました」と振り返ります。

新里は水の乏しい地域でした。金城さんは下校後、一斗缶を持って水くみに行くのが日課でした。夏休みは薪《まき》拾いの役目も担いました。「子守に水くみ、薪拾い。勉強どころじゃなかった」

イモが主食という貧しい暮らしでしたが、海んちゅだった義父が捕った魚を売ったり、米と交換したりしました。普段はお下がりの服を着ていましたが、旧正月には新しい服を買ってもらうこともありました。

中学卒業後、金城さんはコザで働き、その後も住まいを転々としました。家庭を築き、4人の子、14人の孫、9人のひ孫に恵まれました。

金城さんは「私は戦争のむごたらしさは知りませんが、雑草のように、懸命に生きてきました」と語ります。伊江島で父を失い、貧しさに耐えました。ＬＣＴ爆発事故の凄惨な現場にも遭遇しました。

毎年4月21日、伊江島の「芳魂之塔」前で開かれる平和祈願祭に参加し、父の冥福を祈っています。現在暮らす嘉手納町水釜では米軍機の爆音に悩まされています。

戦後75年、金城さんは今も戦世の哀れを見つめています。

❖安里 一郎さん（89歳） 那覇市

※営み、豚と共に

安里一郎さんは1930年6月、本部町謝花で生まれました。通っていた謝花尋常小学校は全児童数2700人で、今日でいう大規模校でした。着物を着て、はだしで学校に通いました。

「運動場で遊ぶときもはだしでした。教室の前にはセメントで作ったおけがあり、そこで足を洗って教室に入りました。冬は足があかぎれしていて、足を洗うと染みて痛かったのを覚えています」

謝花集落でも旧正月を祝いました。元日は終日休みで、2日と3日も授業は午前中で終わりです。正月料理の中心は豚。住民が協力し合い、と畜作業に励みました。

《正月は旧暦で、学校も休みであった。新しい下駄《げた》を履いて、おいしいごちそうを食べてお祝いした。各家庭では半年くらい前から豚を飼い育て正月用に準備した。隣近所の人たちが協力して、と畜作業を行い、庭一面に雨戸を並べ、上に芭蕉の葉を敷き広げ、解体された肉を並べた。

最初に食べたのは「血いりちゃー」である。豚を殺すとき流れだす血と肉と野菜を一緒に炊いたもので、おいしかった。

まずは仏壇にお供えした。大半の肉は骨付きのまま塩漬けにされ、カメに入れて保存した。》

旧正月の営みと豚は切っても切れない関係でした。

※手作りボールで遊ぶ

安里一郎さんは正月料理の準備でさばいた豚の体の一部を使って遊びました。

《子どもたちが豚の胃袋でボールを作り、遊んだ。胃袋を水洗いにして天日で乾かし、空気を吹き込み丸く膨らませてボール状にした。友だち同士で投げ合い、蹴り合って正月遊びをした。》

たこ揚げもしました。これも手作りです。

《枯れて軽くなった竹を割いて細く組み合わせ、紙を貼り合わせ、糸を付け尾を付けた。尾は重くても軽くてもいけないので、その日に吹く風の強さに合わせて調整した。

糸は海岸近くに生えているアダンで作った。アダンの茎を割いてはがし、乾かしてつなぎ合わせて長い糸を作った。》

44年4月、安里さんは嘉手納町にあった県立農林学校に進学します。普通に勉強ができたのは1学期だけ。2学期になると生徒がいた寄宿舎は日本軍が接収し、生徒は陣地造りに動員されます。

《読谷村の座喜味城の高射砲陣地造りに動員された。学校からおにぎりの弁当とスコップを持って、隊列を組んで行進した。

座喜味城は琉球王朝時代の武将、護佐丸が造った城跡で、周りは石の城壁があった。場内を整地して高射砲を設置する作業であった。夏の太陽は容赦なく照りつけ、流れる汗でびしょびしょになった。》

その後、生徒は激戦に巻き込まれていきます。

※恐怖感じた10・10空襲

日本軍の陣地構築に動員された安里一郎さんは、戦争の恐怖を肌身で感じる出来事に遭遇します。嘉手納や読谷を襲った10・10空襲です。

「登校前、朝ご飯を食べようという時、ドドーンという爆発音が聞こえました。まさか敵の攻撃だとは思わず、日本軍の壮大な演習だと思っていました」

米軍は日本軍の中飛行場や北飛行場を攻撃しました。安里さんは比謝川沿いに掘られた農林学校の壕に避難しました。

《その日の夕方になると音が静かになったので、壕を出て丘の上から南の方向を見ると、まるで真昼のように明るくなり真っ赤な火柱が立ち、黒煙が上っていた。20キロほど南の那覇の町は焼け野原になったのである。》

10・10空襲以降、学校は日本軍に接収されます。45年に鉄血勤皇農林隊が編成されますが、安里さんら1年生は「戦争の邪魔だ」という理由で動員を免れます。安里さんは本部町謝花の実家に戻り、学校には戻りませんでした。「今思い出すと、親父は嘉手納に戻るのを反対していました」

3月、米軍の空襲が激しくなり、安里さん家族は山に逃げ込みます。その時、母は身ごもっていました。45年は旧正月を祝った記憶はありません。

「正月どころじゃなかった。それでも戦争に勝つと思っていました。米軍の攻撃も意に介しませんでした」と安里さんは語ります。

※妹生まれるも食料不足

45年3月、本部町の山中に逃れた安里一郎さんの家族は大堂《うふどう》集落にあった「アブシガマ」と呼ばれていた壕に身を潜めました。

家族は、両親ときょうだいら10人という大所帯でした。「母は臨月を迎えていました。壕の地下は奥深く、どうやって上り下りしたのか分からない。よくやったものだと思う」と安里さんは話します。

米軍の艦砲が響く中、妹が生まれました。一緒にいた祖母が出産を手伝ってくれました。

《戦争中の故、十分な食事もなく、不足がちだったお母さんのおっぱいにすがりついて泣く赤ちゃんを姉妹がそっと抱いて、ガマを出て夜道をとぼとぼ歩いて寝かせた。》

米軍の進攻でアブシガマの周辺も危なくなったため、家族はガマを出て大堂の屋敷跡に隠れます。米軍は掃討戦を続けていました。

6月下旬、米軍の命令で大堂にいた住民が集められ、久志村（現名護市）の大浦崎の収容地区に移動します。一家族に1合ほどの米や缶詰の配給はあったものの、食料は不足していました。外出は禁じられており、安里さんは米兵の目を盗み本部まで芋掘りに出掛けることもありました。

「食べ物がないので母はおっぱいが出ない。下の妹が赤ちゃんを抱いて、お乳をくれる人を求めて、収容所のテント小屋を探し回りました」

幼い命を守るため、きょうだいは懸命でした。

※マラリアで苦しい思いも

家族と共に大浦崎の収容地区に入った安里一郎さんは米軍の残飯や桑の葉を食べて命をつなぎます。収容地区のテント小屋に床はなく、地面にわらを敷いて寝床を作りました。マラリアにかかり苦しい思いもしました。

《高熱を出す前には身震いがきて、全身に悪寒が走り、ありったけの布団や毛布をかぶせても震えが止まらずに、弟に布団の上に乗っかってもらって辛抱した。》

家族と共に本部町謝花に戻ったのは45年11月のことです。米軍は大きな道を造り、飛行場を建設していました。

《「家や屋敷がなくなって、どこへいったんだろう」と私が言うと、「大きな機械で敷きならし道になったんだ」と父が答えた。

大浦崎から謝花に帰ってみると、家屋敷がなくなり、近くの学校には米軍が駐屯していた。それで大堂に掘っ立て小屋を造り、そこから謝花の畑へ通った。》

「戦争の邪魔」という理由で県立農林学校1年生だった安里さんは鉄血勤皇農林隊には入らず、山中に避難しました。後に戦場に動員され、犠牲となった同級生がいたことを知ります。

戦後、安里さんは北部農林高校で学び、教職に就きました。沖縄戦で犠牲となった学友を悼む気持ちは今も忘れません。

❖新垣　トミ子さん（87歳）　那覇市

新垣トミ子さんがうちなーぐちを交えて正月の思い出を送ってくれました。新垣さんは「10・10空襲」（124ページ）でも体験を紹介しています。

※親たちがごちそう準備

◇

《「早く来い来いお正月」んでぃ言ち、待ちかんてぃやたん。親達はくわっちー準備すんち、まちぐゎー行ち戻どぅやーそーたん。やんばるたむん（薪）買って。棚いっぱい入れて正月準備そーたん。ゆーふるやー（銭湯）は一日中混雑、年ぬゆーる（大みそか）や肉汁し、やーにんじゅ（家族）揃《する》てぃ、くわっちーさびたん。

セーラー服やまっくゎぐゎん（枕元）に置いて寝た。一月一日は朝早く起きて顔洗《ちらあら》てぃ、なかばーや（中柱）くさてぃし居ちょーる祖母《んーめー》の前で「いい正月でーびる」とあいさつすると、小さなナントゥ（餅菓子）と赤いこーがーしをもらった。それから、ちょーみんでー（帳面、ノート代）をもらった。》

新垣さんは1932年6月の生まれ。幼少期を過ごした那覇市の松下町（現在の松山町一帯）は新正月を祝いました。正月料理は豚料理でしたが、街中でと畜したわけではありません。市場で豚肉を買ってき

たのです。

「周囲で豚を飼っている人はいません。母が久茂地の市場に豚肉を買いに行きました。肉汁の他にちーいりちー（豚の血の炒め煮）がありました」と新垣さんは語ります。

※教育勅語聞き、君が代歌う

旧正月を祝う町村とは異なり、那覇市松下町で新正月を祝った新垣トミ子さん。元日は、現在の県立那覇商業高校の敷地にあった松山国民学校に登校しました。家では「日の丸」を掲げました。

《学校で正月の儀式があり、行きました。講堂とか体育館もないから、隣の教室のなかばしる（間仕切り）を外して、1年生から6年生まで全員揃《する》てぃ、校長先生の話聞《ち》ちゃん。白手袋《しるてぃぶくる》はみてぃ、天皇陛下の写真飾てぃ、教育勅語「朕惟ふに」が始まると頭《ちぶる》下ぎてぃ、鼻んしーしーして意味も分からんけど聞きました。今考えると罰《ばち》さっとーる如《ぐとぅ》どあいびーさ。君が代や年始めの歌（1月1日）が終わったら、急いで家に帰ります。》

「教育勅語」が始まると鼻水をすすり上げる音があちこちで響きました。「あの頃の子はみんな鼻水をたらしていました。男の子は鼻水をぬぐうので、学生服の袖は汚れて、堅くなっていました」

元日だけでなく四大節《しだいせつ》（四方拝、紀元節、天長節、明治節）は登校し、「教育勅語」を聞き、「君が代」を歌いました。

松山国民学校でも標準語を励行しましたが、「方言札」はなかったそうです。「先生がいないところでは方言。家でも両親とは方言で話していました」と新垣さんは語ります。

10・10空襲で家や学校が焼けましたが、うちなーぐちは失いませんでした。新垣さんは現在、「沖縄語普及協議会」の会員として活動しています。

※楽しい正月　44年が最後

元日の行事が終わり、家に戻った新垣トミ子さんは友達と遊びに出掛けます。うちなーぐちでつづる遊びが体験記に並びます。

《お年玉一銭でくるあみぐわー（黒飴）が10個ありました。普段《ふぃーじー》や着《ち》らんうわーじ（晴れ着）、ぬいむんあしじゃ（赤塗りげた）に着替えて、まーい打ちぇー（まり突き）、石なーぐー（小石をお手玉のようにして遊ぶ）、いっとうがよー（おはじき）、ぐむ（ゴム）段飛び、かちみんそーりー（鬼ごっこ）で遊んだ。

男児はまったくー（たこ揚げ）、ぱっちーくわーえー（めんこ遊び）、げっちょー（2本の木を使った遊び）、こーるまー（こま回し）で遊んだ。1月1日は勉強はしない、ゆーさんでぃ（日暮れ）まで遊んだ記憶があいびーん。》

幼かったころの楽しかった正月は44年が最後となりました。10・10空襲で那覇市松下町の家を失った新垣さん一家は名護へと逃れました。45年は正月の思い出はありません。「焼けて何もかもなくなった。正月どころじゃなかった」と語ります。この年2月、熊本へ疎開します。

戦後、沖縄に引き揚げ、一時過ごした糸満は旧正月を祝いました。空襲で焦土となる前、那覇で祝った正月を新垣さんは懐かしんでいます。

4. 住民の「疎開」

1945年2月10日、沖縄本島中南部住民の「北部疎開」について話し合う緊急市町村会議が那覇で開かれました。着任したばかりの島田叡県知事や軍関係者、市町村長らが参加しました。

当時の新聞「沖縄新報」は「手足纏《まと》いを絶つ　電光石火の立退実行」の見出しで「60万県民が手足纏いとなる老幼病弱者を国頭郡に疎開させ、全員特攻隊となって戦力増強、食糧増強に挺身させるための根本観念を浸透させ質疑応答が行われた……」と会議の様子を伝えています。住民の「疎開」は戦闘の妨げとなる住民を立ち退かせるという性格を帯びていました。

北部に避難した住民は中南部の激しい地上戦から逃れることができましたが、食糧不足とマラリアに苦しみます。八重山では日本軍の命令で、マラリア有病地帯への住民移動が強行され、多くの住民がマラリアで亡くなります。

44年から実施された県外への学童疎開や一般疎開、台湾疎開でもさまざまな出来事が起こりました。

❖上原 ウメさん（94歳） 豊見城市

※集落に軍駐屯で北部へ

上原ウメさんから「北部疎開」の体験記が届きました。「琉球新報様、初めて書きます。読みにくいところもあると思いますが、お許しを…」という書き出しです。４００字詰め作文用紙４枚にびっしり文字を記しています。

上原さんは１９４５年２月ごろ、豊見城から大宜味村に疎開し、山中を逃げ惑った末に米軍に捕われ、名護市瀬嵩の収容地区へ行きました。収容地区ではマラリアで母を亡くしました。

◇

上原さんは１９２５年12月、当時の豊見城村我那覇で生まれ育ちました。戦況が悪化し、この集落にも日本軍が入ってきます。上原さんの記憶では44年夏以降、武部隊（第9師団）や山部隊（第24師団）などが駐屯するようになります。集落内の雰囲気が変わっていきました。

《（45年の）１月ごろでした。山部隊が隣の畠《はたけ》にテントをはり、大きな屋敷に座り込んで、夜な夜な意味の分からない歌を歌い、眠れなくなりました。部落も異変に気づき、落ち着かなくなりました。》

集落の書記を務めていた叔父の「早くやんばるに行ったほうがいいよ」という勧めで、北部疎開に踏み切ります。

※戦況悪化、母らも合流

上原ウメさんは45年2月ごろ、豊見城村我那覇から北部への疎開を決めます。義理の母や夫の弟、嫁いだ姉家族が一緒でした。

行き先は村が割り当てた大宜味村謝名城です。疎開は60歳以上のお年寄り、子持ちの女性が優先されました。20歳だった上原さんの夫は戦場に動員されました。女性でも青年層の疎開は認められないことがありました。わずかなお米やかつお節を2本くらい携え、徒歩で大宜味に向かいました。

《嫁いだ長女の家族と10人くらい大宜味村謝名城に行くことに決めました。歩いて3日くらいかかりました。おにぎりもあっちこっちでいただいて、ようやくすみかも決まり、安心しました。》

宮崎に疎開する予定だった実家の家族も大宜味に避難してきました。予定外でした。

《これから大変なことが起きました。宮崎に行く予定の母が、船がなくなり、突然5人の子どもたちを連れて、姉を頼りに大宜味にやってきました。》

しかも、母の家族は衣類や食料を失ってしまいました。

《一台の馬車を貸し切りにして衣食を積んだ荷物が盗まれて消えてしまったのです。これから続く戦、何カ月かかるか分からない不安、母さん一家はどん底に突き落とされました。時遅し、戦《いくさ》が始まる時点でした。》

米軍の沖縄本島上陸が迫っていました。

※艦砲射撃始まり、山へ避難

上原ウメさんの家族や姉家族、実家の家族が疎開先の大宜味村謝名城に集まりました。１９４５年３月末、米軍の艦砲射撃が始まると、山中の小屋に避難しました。

《戦が始まると、山に逃げ、山小屋を探して住みました。夜は海からの艦砲射撃で山が青く光り、とても大変でした。山に逃げると、人が捨てたなべやカンカラを全部拾いました。子ども達も手伝ってくれました。

山にはきれいな水があっちこっちで流れていて助かりました。飲み水として飲みました。でも、後で分かったことですが、上の方では洗濯や洗い物をしていました。》

山中に避難した住民は、「トンボ」と呼ばれていた米軍の偵察機を警戒していました。見つかったら艦砲射撃にさらされる恐れがあったからです。「トンボ小《ぐゎ》が来たよ」と声を掛け、身を潜めました。

山中ではデマが飛び交っていました。上原さんも「島尻は製糖が始まった」というデマに惑わされました。

《島尻郡では製糖工場も始まっているといううわさやデマに迷い、私たち一家は早く帰りたくて、山道にくわしい人にお金をあげて、山から谷どこともなく歩き続けました。雨の降らない時は川底に川の字になり眠りました。》

食料も不足し、上原さんは生命の危機に直面していました。

※食料盗み命つなぐ

米軍の艦砲射撃を逃れ、大宜味村の山中に逃げ込んだ上原ウメさんの家族らはデマに惑わされ、山中をさまよい、現在の名護市源河のオーシッタイ（大湿帯）という集落に着きます。

空腹のあまり、農家の畑から盗んだこともありました。「泥棒はやってはいけないと教えられたけど、戦争ではそんなことは構ってはおれませんでした」と上原さんは語ります。

《人が逃げた小屋で、畠《はたけ》から盗んだニンニクを焼いて食べ、命をつなぐのです。芋掘りに行った時、主に見つかり全部取り上げられ、カズラだけ持ち帰って食べました。人の家の庭に干していたソテツも盗んで食べました。》

上原さんの家族はソテツの毒抜きの方法を知らないため、毒が抜かれたソテツを盗んだのです。食べることに必死でした。

本島北部の西海岸に近い大宜味村謝名城に疎開した上原さんらは山中をさまよった末、東海岸側の東村有銘に行き着き、その後、久志村（現名護市）安部、汀間へと移動します。汀間では姉の子が栄養失調で亡くなりました。

《海から海水をくんで、水でうすめて、青い草や何でも食べました。どこを歩いたか分かりません。たどりついたのは避難民を受け入れる瀬嵩というところでした。》

米軍に捕われ、瀬嵩の収容地区に入った時には7月になっていました。

※マラリアで母が衰弱

45年7月、米軍に捕われた上原ウメさんの家族らは久志村瀬嵩の収容地区で暮らします。中南部から北部へ疎開した避難民らが集まっていました。ウメさんらは収容地区内の屋敷の一つに押し込められます。

《豚小屋まで人がひしめき合っていました。私たち一家は馬小屋みたいなところにいて、新しい茅《かや》がのせられていました。》

しかし、収容地区で暮らす人々の生命を脅かす事態が続きます。マラリアのまん延です。

《落ち着いたころ、母から先にマラリアにかかりました。次々とみんながマラリアにかかり、大変でした。》

ウメさんもマラリアに苦しみました。収容地区は衛生状態が悪く、衣服にはシラミがわいていました。

ウメさんは母と2人でシラミを取った日のことが脳裏に刻まれています。

《いつの日か、母とひなたに出て、2人で着物の縫い目にいるシラミ取りをしました。アンマー、こんなシラミ見たことないよね。母いわく、戦《いくさ》で人が大勢亡くなったのでイミシラミ（忌み虱）だと教えてくれました。大きなシラミを見たことないよねと2人で目を合わせて笑った笑顔を忘れたことはありません。》

母はその後、だんだんと衰弱していきます。

※穴に捨てられた母

瀬嵩収容地区でマラリアに苦しんだ上原ウメさんの家族。衰弱が進んでいた母が息を引き取ります。山中の避難生活での疲労と栄養失調が災いしたと上原さんは語ります。

《栄養失調で歩くのがおっくうで座ってばかりでした母も50歳で天国に旅立ちました。》

上原さんの母を含め多くの人々がマラリアで命を落としました。収容地区には埋葬場もあり、毎日のように死者を葬っていました。

《どこに埋葬してくれるかと思い、1人で担架の後をついて行きました。山のふもとに大きな穴が掘られ、次々と担架を引っくり返して帰るのです。まさか母が担架で捨てられるのを見て、地べたに座り込んでしまいました。まさか母が。アンマーごめん。涙も出ません。

魚でも動物でもありません。人間ですよ。次々とやってくる担架を見ることさえできません。戦さえなければ、こんな目には遭わずに、とつくづく思いました。私は二度とこの穴に近づくことができませんでした。》

戦後も母の骨を拾うことができませんでした。「ヌジファ（抜霊）をして、魂だけを豊見城に持って来ました」と上原さんは語ります。

「名護市史」によると1945年5月から46年2月の瀬嵩収容地区の死亡者数は609人。そのうち豊見城村民は32人でした。飢えを生き延びた避難民もマラリアの猛威で命を落としたのです。

※夫や家失いゼロから出発

母を亡くした上原ウメさんは数カ月、久志村の瀬嵩収容地区で過ごした後、豊見城村座安へ向かいます。

「現在の座安小学校のところにテントを張って暮らしていました」と上原さんは語ります。

「豊見城村史」によると、現在の座安小学校の敷地には村役場など行政機関が置かれ、向かいに収容所がありました。中北部から戻った村民が一時過ごしたといいます。

故郷の我那覇に戻ったのは46年5月以降です。「戦争で家が焼かれ、何も残っていませんでした。元の住民が協力し、茅葺《かやぶ》きの家を建てました。衣服もアメリカの配給を繕って自分で作りました」

家を失い、ゼロからの出発でした。日本軍に動員された夫は行方が分からないままです。

北部疎開から75年。北部の山中で飢えた日々を忘れることはできません。瀬嵩の収容地区で衣類に付いたシラミを取りながら語らったときの母の笑顔を思い出すとき、今も涙がこぼれます。

上原さんは体験談の最後にこう記しました。

《二度とあってはならない戦、戦はもうごめんです。》

❖友利　吉博さん（83歳）宮古島市

※日の丸で父の遺骨迎える

友利吉博さんから台湾での戦争体験記が届きました。沖縄戦の前に台湾へ疎開し、敗戦を迎えました。敗戦による混乱のなか宮古に引き揚げました。

◇

友利さんは1936年11月、平良町《ひらら》（現宮古島市）で生まれました。父の恵吉さんは沖縄県師範学校を卒業し、教職に就いていました。その後、兵役に取られ中国大陸での戦闘で命を落とします。

その時、母の照子さんは3歳下の弟を身ごもっていました。

「父の遺骨が宮古に帰ってくる時、港の桟橋や沿道に並んだ子どもたちが日の丸を持って迎えました。遺骨は西ツガ墓に納めています。私は父の顔を覚えていません」

近所の人々は、父親を失った友利さんの家族を支えました。「周囲の人々が水くみや草刈りをしてくれました」と振り返ります。戦死者遺骨の出迎えや遺族の支援は友利さん一家だけに限ったことではありません。

『平良市史』第4巻所収の資料「学校沿革史にみる戦争史年表」には、兵士の遺骨の出迎えについて

「無言ノ凱旋ヲナスニ付職員児童平良港迄出迎へ後町葬ニ参列ス」（39年12月16日）との記録があります。学校は「出征軍人遺族」を激励する「慰安学芸会」を開いたとも記されています。

44年9月以降、宮古住民の台湾や九州への疎開が始まります。平良第一国民学校の児童だった友利さんは母、祖母、弟の4人で台湾へ渡ります。

※「琉球人」といじめに

集団疎開で宮古島から台湾に向かった友利さんは基隆《キールン》港に着きます。岸壁で初めて見た蒸気機関車に驚きます。疎開先は台北に近い「板橋」という町でした。

宮古島とは異なる風景に友利さんと幼い弟は驚きます。

《初めて山並みや河川や水田を目にした私と弟は、紛れもなく遠い遠い外地にやってきたんだな、と実感した。》

家族は台湾の児童が通っていた公学校の教室を板で間仕切りした小部屋で暮らします。公学校とは、台湾を統治する日本政府の出先機関・台湾総督府が台湾の子どもたちの教育機関として設けた学校です。

友利さんが通ったのは住居近くにある海山国民学校でした。ここで沖縄の子どもたちはいじめの対象となりました。

《生徒の8割方は私たちが内地人と呼ぶようになった本土系出身で、残りは台湾出身と琉球人（内地と台湾出身の児童は私たちをそう呼んだ）だった。琉球人の児童はなぜか内地人の一部の生徒から歓迎されなかった。

連日、琉球人、琉球人と罵《ののし》られ、いじめに遭っていた。とうとう先輩の1人が我慢にも限界があると怒り出し、「団結して復讐《ふくしゅう》しよう」と呼び掛けた。台湾出身の児童が同じ少数派だという親近感からか、いつも私たち琉球人に味方してくれた。》

日本統治下の台湾で、弱い立場にある子ども同士が支え合いました。

※米軍機の破片を展示

台湾・板橋の海山国民学校でいじめに遭った友利さんには忘れられない出来事があります。

「給食の時、テーブルにお茶わんを並べ、親の作ったお弁当を食べるのですが、本土出身の子は沖縄の子にお茶を入れてくれなかった。私たちを飛び越して、本土の子だけにお茶を入れるんです」

そんな中、戦況は悪化の一途をたどります。連日のように空襲警報が発せられ、学校の裏手にあった防空壕に避難するようになります。

《爆撃機は空襲警報と共に天高くブーンブーンと不気味な音を響かせ、次から次へとやってきた。大人たちはその都度、音が無事に通り過ぎるのを耳をそばだてながら一言もなくじっと待っていた。私たち子どもは、飛行機見たさに出入り口近くに身を寄せて、大空を仰ぎ見たりしていた。》

空襲が続いていたある日、米軍のグラマン機が黒煙を吐いて近くの水田に墜落します。大人は「やったぞ、敵機をやっつけたぞ」と叫びました。空襲警報が解除された後、学校の指示で子どもたちは水田に飛び散った破片を拾い集めました。

《破片の数々は後日、現場近くの道路にずらりと並べられた長テーブルに展示された。戦果を誇る展示

だった。落下傘もあったが、操縦士の生死について大人たちは誰も口にしなかった。》
45年8月、友利さん家族を不安のどん底に陥れる日が訪れます。

※敗戦の日から環境激変

45年8月15日、友利吉博さんは台湾で敗戦を迎えました。この日、ラジオ放送に涙する大人たちの姿を覚えています。

《その日、私は弟を含む数名の友とはしゃぎ回っていた。やがて、仲間の1人が「おい、あれ」と遠くを指さした。一斉に視線を移した私たちは70、80メートル先のコンクリートの廊下に十数人の親たちが一台の古ぼけたラジオに向かって座り込んでいる姿を目にした。私たちは恐る恐る歩み寄った。》

ラジオから流れていたのは、ポツダム宣言受諾と敗戦を国民に告げる昭和天皇の声でした。

《子ども心にも私たちが使う言葉とずいぶん抑揚が違うな、と感じた言葉がラジオから流れていた。そして大人たちはラジオに向かってきちんと正座し、異様にも深く首を垂れていた。大人たちは一人二人とひれ伏し、肩を震わせて激しく泣きじゃくった。》

日本は敗戦国になり、台湾で暮らす日本人を取り巻く環境は激変します。友利さんが通っていた海山国民学校では「日本人は皆、道路に寝かされ、戦勝軍の戦車にひき殺される」という噂が広まりました。

《「そんなことはない、絶対にそんなことはないよ」。母と祖母は私を抱きしめ、懸命に否定していたが、私は母の顔に「そうなるかもしれない」との恐怖がよぎったのを見逃さなかった。》

日本の敗戦によって、さまざまな価値が逆転し、友利さん家族は混乱に巻き込まれます。

※食糧奪われ飢えに苦しむ

台湾で敗戦を迎えた友利吉博さんは、通っていた海山国民学校で日本が敗戦国となった事実を突き付けられます。

《講堂に集められた私たち全校生徒の前に、中華民国の軍服に身を包んだ高級兵士が姿を現したのも変化の一つだった。兵士は壇上に立つと、胸を張って「もう日本の時代は終わった。これからは中華民国の時代だ。したがって言葉も中国語となる」という意味のことを、通訳なしのきちんとした日本語で話した。》

その後、学校では中国語による授業が始まりました。

それまで友利さんは台湾の子どもたちと共に日本語で授業を受けていました。毎日のように講堂に集まり、皇居のある東京の方角に向かって敬礼する「宮城遥拝《きゅうじょうようはい》」もありました。日本による台湾支配に基づく教育や儀礼が敗戦によって否定されました。

今度は台湾の子どもたちから「琉球人、琉球人」と呼ばれ、いじめられるようになりました。大人たちは挑発に乗らぬよう注意していましたが、友利さんの先輩の一人がこらえきれずにレンガを台湾の子に投げ付けてしまいました。「レンガは当たりませんでしたが、大人は『仕返しされる』と警戒し、厳重に戸締まりをしました」

その夜、友利さんら疎開家族の住居が台湾人の大人たちに襲撃されます。翌日、豊富にあった米を奪われてしまいました。

※雑草を食べ空腹満たす

台湾の人々の襲撃で食料を失った友利吉博さんの家族は飢えに苦しみます。宮古から板橋へ渡ったほかの家族も同じでした。

《私と弟は、母がほかの大人たちと労役に出向いて留守をしていた間、祖母に付き添って遠くの川や原野へ食べ物を探しに出かけた。どの家族も老若男女を問わずそうだったが、私たち家族はありとあらゆる雑草を口にして空腹を満たしていたのである。》

雑草はゆでたり、汁の具にしたりして食べました。「子ども心にも、おいしいとは全然思いませんでした。でもおなかがすいているから、おいしい、おいしくないは関係なかった。小川に潜って貝を採りました。貝はごちそうでした」と友利さんは語ります。

母の照子さんは食料確保に懸命でした。「母は本当に苦労した」と友利さんは振り返ります。

《私たち家族のためとはいえ、母が少しでも多くの食べ物をもらい受けようと、乞食《こじき》同然に台湾の農家にぺこぺこ頭を下げているのを見るのはいやだった。》

友利さんも弟と市場へ行き、食べ物を探しました。路上に捨てられ、ハエがたかっているバナナを拾って食べました。その話を聞いた照子さんと祖母は2人を抱きしめ、泣き崩れました。

照子さんが入手したたばこの束を板橋の駅の前で売ることもありました。幼い兄弟のたばこ売りは同情と好奇の目にさらされました。たばこは売れませんでした。

※イモ巡り弟を殴る

疎開先の台湾で飢えに苦しんでいた友利吉博さんには忘れがたい悲しい思い出があります。一個のイモを巡って弟を殴ってしまったことです。弟は抵抗できませんでした。

《そんな弟の姿は、戦後もずっと私の心の中に重くのしかかった。母と祖母も戦争のなせる〝わざ〟として、いつまでも悲しく記憶していた。》

中華民国軍の進駐に伴い、町の空気は一変しました。宮古の疎開家族は帰郷を急ぎましたが、船が不足していました。友利さんは船を待つ基隆港の倉庫で食べた佃煮入りのおにぎりの味が忘れられないと言います。

『沖縄県史』によると台湾に疎開した宮古住民は5千～6千人です。平良町が1945年11月に設置した「疎開者援護会」が船を出し、引き揚げ業務が本格化します。友利さん家族を含め、46年5月までに疎開家族はほぼ帰郷しました。45年11月には引き揚げ船「栄丸」が基隆港沖で遭難し、約100人が犠牲になる悲劇もありました。

つらい思いをした台湾ですが、友利さんは貧しい中でも懸命に生きる知恵を学びました。高校教諭となり幾度も台湾を訪ね、生徒の台湾訪問事業にも取り組みました。

台湾は今も心のふるさとです。

❖瀬長　盛勇さん（78歳）那覇市

※穏やかな農村に暗雲

瀬長盛勇さんの北部疎開の体験記です。米軍上陸前、瀬長さん一家は那覇市小禄から名護市喜瀬に避難します。沖縄戦で亡くなった父の記憶はなく、疎開時の様子は戦後、母が息子や娘に語っていました。

◇

瀬長さんは父の松助さん、母のトヨさんの次男として1942年2月、旧小禄村（現那覇市）安次嶺で生まれました。7歳上の兄盛昌さん、5歳上の姉弘子さんの3人きょうだいです。

父松助さんは1912年、安次嶺の生まれ。当時の安次嶺は野菜の産地で、松助さんは15歳年上の兄亀一さんと共に関西へ野菜を販売する仕事を始めます。

《2人は戦争前の5、6年間、字安次嶺、小禄地区から農作物を買い集めて、大阪や神戸に移出する仕事をしていた。ニンジン、キュウリ、キャベツを収穫し、箱詰めにして本土に送るのである。しかし、兄との共同作業も沖縄戦必至の状況の中でやめてしまうのである。》

母トヨさんも安次嶺の生まれで、松助さんの2歳年下です。「当間学校」と呼ばれていた小禄尋常高等小学校（現在の県営赤嶺市街地住宅）を経て「機織学校」という名で知られた島尻女子工業徒弟学校で学びました。

「母トヨは生母のモウシが歌う、沖縄に古くから伝わる民謡『十番口説』を聞いて育ちました。歌の教訓を学び、血肉化させたような母でした」

※住民参加し軍事訓練

瀬長盛勇さんが暮らしていた小禄村安次嶺に、戦争の足音が忍び寄ってきます。

《いくつかの軍事演習や訓練があった。その一つが竹やり訓練である。銃剣に見立てた竹やりを住民に持たせて、わら人形を刺したのである。部落内の大きな道路には大きな落とし穴を掘った。進入してきた米軍の戦車を落としてやっつける作戦だったようである。

各家庭に回覧板を回すことも訓練であった。一致団結して米軍の攻撃に立ち向かう意欲を高めるため回覧板を利用したのである。》

小禄の各集落には大政翼賛会の組織がつくられました。盛勇さんの父松助さんは安次嶺集落の大政翼賛会の代表でした。

1944年10月10日、米機動部隊が沖縄の島々を攻撃します。安次嶺に隣接する小禄飛行場も攻撃を受けました。

瀬長さん家族は、現在の沖縄都市モノレール本社の場所にあった自宅にいました。

《10・10空襲のころ父松助は32歳、母トヨは30歳であった。那覇をはじめとする沖縄全島の空襲を母はこう言っていた。
「おとーや、家《やー》ぬまぎー木んかい上《ぬぶ》てぃ　飛行場んけ爆弾落《う》てーし　見んちょーたんどー」（屋敷にある大きな木に上って、飛行場に爆弾が落ちるのを見ていたよ）

爆弾が投下され、空に黒煙が舞い上がる状況を父はこわごわ眺めていたようである。》

年が明けて45年の初め、戦争が家族を引き裂きます。

※赤紙届き、父が海軍へ

45年1月ごろ、瀬長盛勇さんの家に父松助さんの召集令状が届きます。周辺の男性も次々と召集されました。戦場への根こそぎ動員です。

盛勇さんの母トヨさんは夫松助さんに届いた赤紙を冷静に受け止めていました。

《赤紙がわが家に来たか母に聞くと、確かに来ていたし、見たという。安次嶺の住民の中で反対する人はいなかったのか聞くと、母は方言で答えた。

「うりかい反対ないみ。皆《んな》け赤紙来《つー》るむん、しかたがない。反対し、ぬーないが」（これには反対できない。皆に赤紙が来るのだから。しかたがない。反対したってどうにもならない）

母は入隊後に起きるいろいろなこと、最悪の状況（戦死）を予想していたようである。赤紙が来ても心配や悲壮感はなく、淡々と受け止めていたようだった。》

松助さんは赤紙に何を思ったでしょうか。盛勇さんの七つ年上の兄盛昌さんはこう語ったそうです。

《兄盛昌に赤紙が来た時の父の様子を聞くと、こう言った。父の顔は妻のこと、息子、娘のことを思ってであろう、もの悲しげな様子だった。赤紙は戦争への参加、出征命令であるので、万一自分が戦死したときは妻や3人の子はどうなるのだろうかと考えていたのだろう。》
松助さんは家族と離れ、海軍の部隊に入隊しました。

※父の願い　基地近く移動

瀬長盛勇さんの父松助さんは45年の初め、海軍の第226設営隊（通称・山根部隊）に入隊します。拠点は「当間学校」と呼ばれた小禄第一国民学校（元の小禄尋常高等小学校）に置かれていました。松助さんが通っていた学校です。
《赤紙によって召集された父松助は軍人、兵隊として必要な軍人訓練の経験がないまま海軍に配属された。山根巌の率いる「山根部隊」である。小禄地域やその周辺の村落から住民の多くが所属したという。20代、30代の青年や若い父親だった。
父の職務は他地域への食料、糧秣の運搬であった。中部の小学校にある海軍の基地に食糧を運んだのである。》
家族と離れた松助さんは妻トヨさんに、あるお願いをします。
《父は息子の盛昌、盛勇、娘の弘子に容易に会えるよう基地のある当間学校に近い自分の実家に移動させた。軍の仕事の空き時間を利用して常に息子や娘に会えるようにしたのだ。実家からは当間学校が見えるのである。》
小禄第一国民学校と実家の距離は約４００メートル、松助さんは実家を眺めたり、通ったりしながら寂しさを紛らわしていたのでしょう。「父は幼かった私に会いたがっていたようだ」と盛勇さんは語ります。

45年2月、県は本島中南部住民の「北部疎開」を計画します。小禄村民の疎開先は名護でした。瀬長さん一家も避難準備を急ぎます。それは松助さんとの別れでもありました。

※日本兵の残飯を食料に

父松助さんの入隊後、瀬長さんの一家は名護の喜瀬へ避難します。その準備は慌ただしいものでした。

《米軍の沖縄上陸必至の状況の中で、字安次嶺の部落内でも避難、疎開の動きが起こった。母の話では、部落みんなで話し合ったというよりも、身近な親類が語らった。自分の命は自分の力で守るという考えだった。字からは細かい指示や助言はなく、各自で判断し行動した。方言でいうところの「なーめーめー」であった。》

「やんばるの避難先での食事は厳しくなる」と心配した母トヨさんは食料確保に懸命でした。

《安次嶺の部落内には日本軍の兵舎があり、沖縄の人では節日《ひちび》にしか食べることができないお米を兵士は日常的に食べていた。兵舎の残飯処理の仕事をしていた母は食べ残しのご飯を捨てずに保存していたという。喜瀬に避難する時、麻袋に入れて持って行った。母は残飯で作ったご飯を「なんちちめー」と呼んでいた。》

喜瀬に向かったのは瀬長さん一家の4人、トヨさんの母モウシさん、トヨさんの弟良一さんの妻キヨさんと1歳の息子良栄さんの3人の2家族計7人です。太刀洗航空隊那覇分廠で働いていた良一さんのつてで軍用トラックで移動しました。

トヨさんは、松助さんが残した保険証や預金通帳など重要書類を入れた布袋を腰に巻いていました。

※祖母とはぐれ、永遠の別れ

小禄村安次嶺から名護の喜瀬に避難した瀬長さんら2家族7人は地元住民が用意した小屋で暮らします。母トヨさんが心配した通り、食料が不足しました。トヨさんと祖母モウシさんはイモを求めて地元の農家の畑に通いました。

45年4月1日に本島中部西海岸に上陸した米軍は北部にも進攻します。盛勇さんらは集落を離れ、山中へ避難します。

「3歳の私は母におんぶしてもらい、山奥に逃げました。米軍の照明弾に驚いたといいます。山中では日本軍の敗残兵にも会ったそうです」

家族は安全な場所を求め南へと向かいます。ところが、恩納岳にたどり着いたところでモウシさんとはぐれてしまいます。

《家族7人が列をなして歩いていたが、何かの弾みで50歳余の祖母のモウシを見失ってしまった。母は引き返して捜したが、安全地帯へ移動する避難民の行進を停滞させるわけにはいかない。厳しい環境の中で歩く家族の安全を優先させたいという思いもあったようだ。泣く泣く母は祖母を捜すのを諦めたという。》

結局、モウシさんを見つけることができず、永遠の別れとなってしまいました。沖縄戦当時、30代前半だったトヨさんは母を助けることができなかったことを晩年まで悔やみ続けました。盛勇さんが祖母の最後を尋ねても「思い出させないでほしい」と言い、号泣するだけでした。

※収容所、生活に落ち着き

北部の山中をさまよった瀬長盛勇さんの家族ら6人は恩納岳を下り、収容地区となっていた美里村（現沖縄市）古謝に向かいます。場所は、現在の古謝公民館の周辺です。

《収容所はテント張りで、床板はなかった。地面の上に草木を敷いて寝たのである。戦争で負けた日本の避難民であるので、米国の指示には従わなければならなかった。》

母トヨさんは浦添で軍作業に就きました。毎日、軍のトラックで浦添に向かいました。

《浦添の小湾浜で米軍人の軍服の洗濯に従事していたという。午前10時から午後3時まで。母は「ワッシュワッシュの仕事」と言っていた。帰りにはお菓子やソーセージをもらってきた。息子、娘へのお土産であった。》

家族は収容地区でのテント小屋生活で徐々に落ち着きを取り戻していきます。戦争によって中断していた子どもたちの授業も再開します。45年6月、古謝初等学校が開校します。

《収容所を取り仕切る有志の方々は子どもたちを近くの個人の家に集めて勉強させた。姉弘子は近くの家で勉強していたと話していた。母によると収容所には学校があったという。》

46年2月以降、米軍は小禄村（現那覇市）の高良、宇栄原地区を開放します。故郷の安次嶺は米軍が占有しており、瀬長さん一家は元の集落に戻ることはできませんでした。

※亡き父の愛情、心に

美里村古謝の収容地区を出た瀬長盛勇さんの家族は、小禄村高良の親戚の家に身を寄せます。《1年近くの収容所生活に別れを告げ、私たち6人は高良部落に戻ったのである。その後、高良、宇栄原に接する津真田に移り住んだ。やんばるからの避難民、小禄の多くの字の住民が津真田に住み着き、一大住宅地を形成していくのである。》

津真田は現在の那覇市小禄南公民館の周辺で、戦後の小禄の出発地と言える場所です。

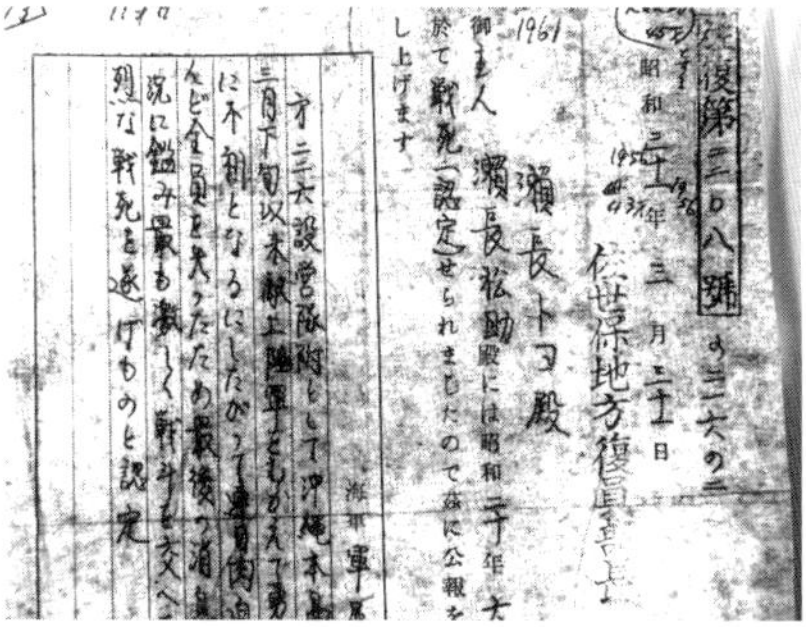
復第二〇八號
昭和三十一年三月三十一日
佐世保地方復員部長
瀬長トヨ殿
御主人
瀬長松助殿には昭和二十年六
於て戦死(認定)せられましたので茲に公報を
申し上げます
第三十六設営隊附として沖縄本島
三月下旬以来敵上陸軍とむかえて勇
に不利となるにしたがって
んど全員を失ったため最後の
況に鑑み最も激しく戦斗を交へ
烈な戦死を遂げたものと認定

トヨさんに届いた松助さんの戦死公報

海軍に動員された父松助さんは戻ってきませんでした。母トヨさんに届いた1956年3月31日付の戦死広報には、「当時の戦況に鑑み最も激しく戦闘を交えた昭和20年6月13日壮烈な戦死を遂げたものと認定」と記されています。

戦後、父の最後を調べた盛勇さんは、負傷した松助さんが現在の小禄自治会館の近くにあった海軍の医務壕に横たわっていたという証言を得ます。その後の米軍の猛攻で父は亡くなったと盛勇さんは考えています。

盛勇さんは父の顔を覚えていませんが、自分に注いでくれた愛情を深く心に刻んでいます。

「家族と別れ、訓練をしないまま戦場に行き、死んでしまった。父は無念だっただろう」と盛勇さんは静かに語ります。

❖知花　清さん（84歳）那覇市

※小3の頃、徐々に戦争の影

知花清さんは小学3年の時、熊本県に疎開しました。「沖縄玉砕」の知らせに悲しみ、食料不足に苦しみます。沖縄に残った母は2人の娘を抱え、激戦地をさまよいました。

◇

知花さんは1935年、那覇市首里平良町で生まれ、大名町にあった首里第三小学校に通います。校区は平良町、石嶺町、大名町、末吉町、久場川町で、農業中心の生活でした。

「第三小学校に通う児童は首里でも辺ぴな地域に住んでいました。子どもをおぶって学校に通う子もいました。弁当はイモを包んで持っていきました」

父の包吉さんは清さんが5歳の時、軍属として中国の海南島に渡っていました。44年には日本軍の沖縄配備が本格化します。

この年の7月、学校の教師が自宅を訪ねてきました。教師が帰った後、母ツルさんは清さんと兄の賢吉さんを呼び、県外に疎開するよう告げます。

《さっき来られた先生は、あなた方2人を疎開させてほしいということだった。しばらくの間、ヤマトへ行きなさいね。戦争が終わったらすぐ帰って来れるのだから。引率の先生方も一緒だというから心配することはないと思うよ。おかあさんもあなたたち2人を疎開させようと思っているが、戦地に行っているお父さんにも相談しておくからね。》

戦争の影が幼い清さん兄弟に近づいていました。

※学校にも軍国主義が浸透

母ツルさんが知花清さんに県外疎開の話を伝えた44年7月、サイパン陥落で「絶対国防圏」が崩れたことを受け、政府は緊急閣議で琉球諸島と奄美諸島の住民の疎開を決めています。同時に学童疎開が取り組まれました。

軍国主義教育の空気の中で清さんは育ちました。通っていた首里第三小学校校舎は日本軍の兵舎に変わりました。

《学校では戦争の話ばかり聞かされていたし、近所の軍人の家では朝から軍歌のレコードばかりかけていたので、幼少ながらもよく軍歌を口ずさんだ。

国民学校でも2年生までは、ちゃんとした授業が行われていたが、3年生になると大日本少年団と鳩のマークがついた名札を学生服の左胸に縫い込んであった。毎週の全体朝礼の時には軍隊式の団体行進も行われた。》

2人の息子に疎開するよう伝えたツルさんは海南島にいる夫包吉さんに手紙で相談します。

《戦地にいる父から返事がきて、息子たちばかり疎開させるのではなく、家族全員で疎開するように、

ということであったらしい。》

ツルさんは首里に住む義父母を残して疎開することに躊躇《ちゅうちょ》しました。サイパンへ移住した夫の兄夫婦の消息も気がかりでした。逡巡《しゅんじゅん》の末、自分は沖縄に残り、息子2人を疎開させることにしました。

※母と別れ涙の船出

兄賢吉さんと共に熊本へ疎開することになった知花清さんは44年夏、不穏な噂《うわさ》を耳にします。

《私たちが疎開準備をしている時、疎開者の船が敵の潜水艦の攻撃を受けて沈んだとの噂が流れ、疎開を取り下げたのが数人あったことも耳にした。》

沈んだ船とは対馬丸のことです。清さんは不安を感じましたが、母ツルさんの意思は変わらず、息子2人の背中を押します。

《もし沖縄が戦場になったらどうなるか分からないし、いったん決めたからには運を天に任せて未知の土地に行ってみるのも一つの冒険なのだから、勇気を出して行きなさい。神様やご先祖さまが見守ってくれるから。》

出発は9月4日でした。その日の朝、清さんは妹2人の寝顔を見て涙を流しました。那覇港での母との別れでも寂しさが込み上げました。

《小船に乗り込んでから桟橋を見ると、見送りに来た母の姿があった。母をまともに見ることができず、目にはいっぱい涙をためたまま海を見つめていた。船が動き出したとき母を見ると、母も涙を流しながら手を振っていた。

その時に初めて母と別れる寂しさがどっときて、疎開などしないと言えばよかったと子ども心に思うと、余計に涙がとめどもなく流れ出してきた。》

清さんは貨物船ブラジル丸に乗り換え、港を離れます。対馬丸の悲劇から約2週間後、危険と隣り合わせの船出でした。

※熊本到着　児童ら出迎え

知花清さんら疎開学童を乗せた貨物船ブラジル丸は米軍の攻撃を警戒しながら鹿児島を目指します。

《疎開船の周囲には、常に巡洋艦や駆逐艦が護衛しながら航海を続けていた。私たちの船も常に蛇行しながら航海を続けた。》

鹿児島港に着いて2日後、首里第三国民学校の疎開児童約70人は熊本県葦北郡水俣町（現水俣市）湯出の温泉地にある三つの旅館に分宿します。疎開学童を受け入れる湯出国民学校では、全校児童が「足なか」というわら草履を持って出迎えてくれました。

《全員が手に何かをぶら下げていたので、「これは何ですか」と聞いたら「足なかだよ」と教えてくれた。「沖縄からきたみんなにあげるの。だって沖縄ではみんな素足で生活していると聞かされていたので、それぞれが持ち寄っているの」だと言った。そういえば、ほとんどの児童は草履を履いていた。》

湯出国民学校に疎開した首里第三国民学校の児童＝1944年（知花清さん提供）

疎開児童はいつもおなかを空かせていました。知花さんはニッケイの皮をかじったり、野草を摘んで食べたりしました。

《イナゴを捕ってきて、炊事場のおばさんたちにお願いして焼いて食べたりした。》

季節が巡り、熊本での生活になじんできたころ、父から手紙が届きます。

※「沖縄玉砕」を聞き涙

熊本で過ごす知花清さんに父の包吉さんから手紙が届きます。兄賢吉さんは湯出国民学校を卒業後、熊本市の軍需工場で働いていました。

《寝床に入っても母と妹たちの写真を眺めては涙を浮かべて泣く毎日であった。一日も早く沖縄に帰りたいと思っている時、戦地にいる父からの手紙が届いた。父の手紙の中に辞世のことばが沖縄の方言で書かれていた。》

香港にいた包吉さんは英軍に切り込みの攻撃をする前に手紙をつづりました。兄弟2人が仲良く暮らすよう願っていました。

《根本《にむと》花から散らち　蕾《ちぶみ》花までん　踏みにじてぃ行ちゅさ　戦《いく》さ世《ゆ》ぬ鬼《うに》ぐゎ
戦さ世ぬ中い　兄弟小《ちょーでーぐゎー》二人《たいぬ》残くち　父や矛《ふく》とぅてぃ　戦場《いくさば》に行ちん
戦さしでぃあとぅや　静かなるとむでぃ　兄弟小かながなーとぅ暮らちいきよー》

父の手紙が届いてしばらくして、疎開児童が運動場の隅に呼び出され、教師から沖縄の日本軍が壊滅したことを知らされます。

《「皆さんに悲しいことを知らさなければなりませんが、気をしっかり持って聞いてください。沖縄を守っていた日本軍は玉砕して米軍に占領されたそうです」。それを聞いたとたん、みんな大声で泣いた。》沖縄の母や妹はもういないだろう、父も死んでしまった――。清さんは悲嘆に暮れます。

※天皇の放送　熊本で聞く

熊本の疎開地で、知花清さんが家族は死んだものと思い悲嘆に暮れていたころ、沖縄にいた母ツルさんと2人の妹は米軍に捕らわれ、収容所で暮らしていました。

清さんの疎開後、ツルさんは同じ首里に住む義父母を国頭村へ避難させました。準備を整え、ツルさんも2人の娘を伴い国頭に向かったものの、西海岸に米軍が上陸したため本島南部に逃れました。

《母は3歳の子をおぶって、5歳の子の手を引いて、頭には当座必要な物を詰めた袋を載せ、あっちこっちの防空壕に入ったり出たりしながら糸満あたりまで逃げ回ったそうである。2人の妹たちは顔と腕に傷を負いながら逃げている時に米軍に捕まった。米軍は2人の子どもの傷を見て、すぐ手当をしてくれた。それから収容所に連れて行かれて、3人とも九死に一生を得たのである。》

熊本にいた清さんは母と2人の妹が生存していることを知る由もありませんでした。

《私たち疎開した者は、沖縄は全滅したので生存者はいないと思っていた。僕の場合も父は戦場に切り込みに行って戦死したものと思っていた。母や妹の写真を見ては泣きながら、ハンカチに写真を包んで、上衣のポケットに入れ、大事に持ち歩いていた。》

8月15日、清さんは敗戦の日を迎えます。ポツダム宣言受諾を伝える天皇の放送を熊本で聞きました。

※父との再会に涙

熊本県で敗戦を迎えた知花清さんは、湯出国民学校の授業で「戦争が終わって」という作文を書きます。

《「疎開してきて自分たちだけが生き残ったのだから、戦争で亡くなった学友たちの分まで一生懸命勉強して、戦勝国といわれている国々の人々に戦争では負けたけれど、それ以外のことでは絶対に負けないぞ」というようなことを書いた。》

水俣の温泉街に来ていた鹿児島の湯治客にかわいがられ、「うちの子になってもいいよ」と声を掛けられました。「これから僕はどうなるのだろう」と考えている時、1人の男性が疎開児童の寮を訪ねてきました。

《玄関先に出ると軍服姿の人が立っていた。一目見て、お父さんだと気がついた。5歳の時に別れてから一度も父とは会っていなかったが、いつも父の写真を見ながら育ってきたので顔はよく覚えていた。父は決死隊となって敵陣地に切り込みに行くと手紙にあったし、辞世の句にも別れの言葉があったので、そこにいるのは幻ではないかと思いつつも、父が手を伸ばしてきたので間違いないと抱きついて大声で泣き出してしまった。》

父包吉さんは英軍に向かう直前、部隊長から「敵陣地への切り込みは中止」と命じられ、日本の降伏を告げられました。香港の捕虜収容所を経て復員したのです。その後、熊本市にいた兄賢吉さんを呼び寄せ、親子3人で暮らしました。

※母とも再会　共に暮らす

父包吉さんと再会した知花清さんは、水俣町から同じ熊本県の水上村に移ります。

沖縄から九州各地へ疎開した人々の引き揚げは、1946年夏に始まります。清さんの周囲にも沖縄へ引き揚げる疎開者がおり、包吉さんも帰郷を決めます。

《沖縄に帰っても家族も死んだはずだし、どうしようかと悩んだあげく、一応帰って家族の死に場所を確かめて、骨を拾って弔って、それからまた、ここへ戻ってくることにしよう。》

佐世保から船に乗った家族は中城村久場崎に上陸し、米軍のトラックで首里に向かいました。テント小屋が立ち並ぶ首里は、古都の面影は失われていました。

《疎開した人が本土から帰ってくるというので多くの人たちが迎えるために集まってきていた。その中に母の姿を発見し、トラックから飛び降りると同時に、母に飛びついて強く抱きしめて泣いた。父も兄も感無量で声が出なかったようである。》

家族はテント小屋で暮らしました。学校もテント張りで、ガリ版刷りの教科書を使いました。

《そのような生活であったものの、家族のぬくもりだけで幸せを感じる毎日であった。》

戦争を生き延びた家族がようやく幸せを取り戻しました。

5. 米軍上陸

1945年3月23日、米軍は南西諸島全域を空襲し、24日には沖縄本島南部に艦砲射撃を始めます。米軍は26日、阿嘉島、座間味島、慶留間島に、27日に渡嘉敷島に上陸します。4月1日には本島中部西海岸に上陸し、激しい地上戦が始まります。16日には伊江島に米軍が上陸します。

空襲と艦砲射撃、日米両軍の戦闘から逃れ、沖縄県民はガマや山中に身を潜めます。米軍に捕らわれることを禁じられていた県民は極限状態に追い込まれ、「集団自決」（強制集団死）が起きます。その背景に日本軍の「強制・関与」もあったと指摘されてきました。

県民は県内のどこで米軍の上陸を迎え、そこでどのように行動をしたでしょうか。

❖照屋　礼子さん（82歳）　名護市

照屋礼子さんから沖縄本島に米軍が上陸した75年前の体験記が寄せられました。照屋さんは本部町の山中に避難していました。

◇

※大阪から帰郷、座間味へ

照屋さんは１９３８年1月、大阪府西成区で生まれました。本部町備瀬出身の父進さんは大阪市電気局（後の大阪市交通局）で市電乗務員として働いていました。家族は母松枝さん、2歳上の姉幸子さん、3歳下の妹カヨ子さんがいました。

西成区は大正区と並んで多くの沖縄県出身者が暮らした地で、生活は貧しかったといいます。この街で暮らした幼い頃の思い出があります。

「大宜見小太郎さんら沖縄の芝居が大阪に来ることがありました。私たちの周辺には朝鮮の人々も住んでいて、地域の行事に参加していました。話したり遊んだりすることはありませんでした」

進さんは大阪府警察部に転職した後、44年に家族で沖縄に引き揚げます。進さんが自らの歩みをつづった資料には「昭和19年1月、太平洋戦争状況不利のため、家族引き揚げ、帰郷」とあります。警察に勤めていて戦況の悪化をうすうす感じていたのかもしれません。

沖縄に引き揚げた家族は進さんの出身地の備瀬に戻ったわけではありません。米軍の最初の上陸地、座間味に渡ります。

※座間味で10・10空襲体験

大阪から沖縄に引き揚げ、座間味村に渡った照屋礼子さんの父の進さんは屋嘉比島にある鉱業所の事務所で働きました。礼子さんと姉の幸子さんは座間味国民学校に通いました。礼子さんは座間味島で10・10空襲を体験しました。

《勉強中、上空から恐ろしい音がゴーゴーと鳴り、アメリカの爆撃の音で学校中が大騒ぎになった。全校生徒が急いで教室を飛び出し、運動場に出て「お父さん、お母さん」と皆、泣き叫ぶ声がした。それぞれの家族が迎えに来ていた。

空襲の恐ろしさを知り、爆弾の音が鳴り響くなか、私たちはやっと父母に会い、抱きしめられ、まもなく裏山に逃げ込んだのを覚えている。》

『座間味村史』によると船が爆撃され、死傷者が出ています。両親は危機感を抱き、座間味を離れることにしました。

《父母は「もうここにはおれない」と、沖縄へ引き揚げることを決心しました。戦争のさなか、家族は勇気を出して船に乗りました。航海中、敵の魚雷に遭い、船内は騒がしくなりましたが、うまくすり抜けて命からがら沖縄本島にたどり着くことができました。本当に奇跡でした。》

その後、礼子さんは両親の生まれ故郷の本部町備瀬で暮らすようになります。米軍上陸を前にした45年

2月のことです。

※怖がる妹　怒鳴られる

本部町備瀬に戻った照屋礼子さんの父の進さんは当時30代半ばで、「父は体が小さいため兵隊に取られなかったようだ」と礼子さんは話します。母の松枝さんは四女の郁子さんを身ごもっていました。礼子さんは親類に預けられました。

45年3月23日に米軍の空襲、25日に艦砲射撃が始まりました。米軍の上陸が迫り、家族は山中に避難します。礼子さんは黒砂糖やきな粉を詰めたリュックサックを背負っていました。進さんが残した資料には「嘉津宇の山にある自然壕に避難した」と記しています。嘉津宇や大堂の山地は米軍の進攻から逃れてきた住民で埋め尽くされたという記録もあります。

壕の中では「空襲警報の歌」を歌いました。子どもたちが壕の外に出ないよう大人が言い付けたのです。戦争の恐ろしさを実感する出来事もありました。

《本部の自然壕に隠れている時のこと、3歳の妹が「怖い、怖い」とよく泣いていた。他の親たちが「泣かすな、泣かすな」「みんなやられるぞ」「この子の口の中に何か詰めておけ」と怒鳴られ、母は妹の口の中にタオルを押し込んでいた。私はかわいそうでたまらなかった。》

米軍に対する恐怖で住民の心も変わってしまいました。

※集落に戻った父、捕虜に

米軍の進攻を逃れ、本部町の山中に逃れていた照屋礼子さんら家族は避難生活が長引くにつれ、食料不足に悩みます。

「夜になり、飛行機の音がしなくなると、よその人の畑に行って野菜やイモを取りました。泥棒をしても平気な状況でした」と礼子さんは話します。

沖縄本島に上陸した米軍は本部半島に進攻し、4月中旬から八重岳周辺で日本軍と激戦となります。5月20日ごろ戦闘が落ち着き、住民は山を下りて備瀬に戻ります（仲田栄松さん編『備瀬史』）。

父進さんの記録には「休戦状態になり、もう安心だといって壕を引き揚げ、備瀬に戻って食料増産に励んだ」とあります。礼子さんの耳には「女性がアメリカーに乱暴された」という情報も入ってきます。女性は身を守るため顔に炭を塗って老け顔にしました。

米軍は山から集落に戻った住民を捕らえ、収容地区に送りました。進さんも米兵に捕まります。

《父はアメリカ兵の捕虜にならないように女性の格好をして山羊の餌を頭上に乗せて、四女を身ごもった母と2人で歩いているところを米兵に見つかった。着物の下からのぞく足を見て、これは男だといって、その場で捕虜になった。母はとても悲しい思いをしたと話していた。》

進さんの行き先は羽地村（現名護市）田井等の収容地区でした。

※父の安全を確認　喜ぶ家族

父進さんが米軍に捕らわれ、本部町備瀬に残された照屋さんの家族は不安な日々を送ります。しばらくして羽地村の田井等収容地区で進さんが元気でいることを知り、家族は喜びます。

武装した米兵が集落に入り、住民にかくまわれている日本兵がいないか、家を一軒一軒回ることもありました。米軍の掃討戦が続いていました。

《私はときどき、母の妹の叔母さんたちと家の近くの砂浜を歩いていると、空襲でやられた兵隊たちの死体や、靴を履いたままの片足だけの死体を見たことがある。びっくりしてその場から立ち去ったが、備瀬の砂浜であちらこちら無残な光景を目にしたのだった。

戦争の恐ろしさは表現できないくらいだ。伊江島も激戦のあった島と聞いてきた。》

喜びもありました。四女の郁子さんが生まれたのです。

《母は昭和20年の7月15日、今帰仁村今泊の米軍野戦病院で四女を出産しました。長女と妹は母について、私はまた備瀬の親戚に預けられました。》

その後、家族は田井等収容地区で父と合流し、戦後の暮らしが始まりました。

沖縄戦から75年が過ぎました。礼子さんは体験記の最後で願いを込めます。

《二度と戦争をしてはいけない。また、起こしてはいけない。皆が平和であるために。》

❖海勢頭 孝一さん（81歳） うるま市

※島に「ハト部隊」の姿

海勢頭孝一さんから「戦闘体験を語りたい」という連絡がありました。孝一さんはうるま市の平安座《へんざ》島出身です。米軍の本島上陸前後、島ではデマが飛び交い、混乱に陥ります。妻で同じ平安座島出身の美佐子さん（80歳）の家族は米軍上陸前、本島北部に疎開しました。

◇

孝一さんは１９３９年1月、美佐子さんは同年5月、平安座の集落で生まれました。

平安座島は戦争前、物資運搬をする帆船・マーラン船（山原船）による海上輸送の拠点でした。やんばるで積んだまきを与那原などへ運び、帰路で日常品を運ぶのです。平安座では海上運送業に従事する男性が多かったといいます。腕利きの船大工もいました。

海勢頭孝一さん（左）と妻の美佐子さん

マーラン船が活躍した島の様子を孝一さんは覚えています。

「与那原から船が戻ってくると、まきの香りが平安座の集落に漂ってくるんです。なんとも言えない香りでしたね」

44年になり、宮城島や伊計島に一時、日本軍が配備されました。平安座島にも時折日本兵が島を訪れたといいます。

「日本軍の兵隊が島に来て、2、3日宿泊しました。人数は多くて3、4人です。伝書バトを持ってくるので、私たちは『ハト部隊』と呼んでいました」

ハトは「軍鳩」と呼ばれ、軍隊の通信手段に使われました。

44年10月、静かな島を米軍が襲います。10・10空襲です。

※空襲恐れ昼間はガマに

海勢頭孝一さんは兵隊にあこがれる子どもの1人でした。「まきを鉄砲のように担いで進軍をしました」と当時を振り返ります。

集落には、日露戦争以降の平安座出身戦没者を顕彰する「忠魂碑」が建てられ、幼い頃に通った記憶があります。大人たちは竹やり訓練、子どもたちは防空演習に参加しました。

44年10月10日、米機動部隊が沖縄の島々を襲った10・10空襲は平安座島にも大きな被害をもたらします。海勢頭さんもこの日、米軍機を目撃し、家族で壕に避難しました。

「朝、豆腐を作っていると爆撃機が平安座の上空を飛んで行きました。防空頭巾をかぶってガマに避難しました」

ガマは現在の平安座自治会館の後方の山手にあり、「ハタムンガマ」と呼ばれていました。集落の女性がガマに集まり、パナマ帽作りに勤《いそ》しんだ場所です。

空襲による犠牲者は出ませんでしたが集落の家が焼かれ、マーラン船も失われました。住民の生活も変わりました。「空襲の後、昼間はガマの中で過ごし、夜は集落に戻るという暮らしになりました」と海勢頭さんは語ります。

「アメリカ軍は日本人を見たら皆殺しにする」といううわさが島内で広がっていました。米軍上陸を恐れ、住民の多くが45年2月以降、本島北部への疎開を急ぐようになります。

※疎開せず不安広がる

10・10空襲以降、平安座島の住民の間に危機感が高まります。『沖縄県史』などによると、県の指示によって北部疎開が始まったのは旧正月後の45年2月中旬ごろです。マーラン船に乗って国頭村などに向かいました。

海勢頭孝一さんの妻で平安座生まれの美佐子さんの家族もマーラン船で疎開しました。「当時のことは覚えていない」と言いますが、疎開先で食料不足に苦しんだようです。美佐子さんの父は米軍に捕えられ、ハワイの収容所に送られました。

孝一さんの家族4人もマーラン船で北部を目指しました。「2月か3月の月夜の晩だった」と記憶しています。ところが、いざ港を出たものの風が吹かず、船は進みません。風を夜通し待った末、「これは、やんばるに行くなという神様のお告げではないか」という話が船内で持ち上がり、平安座に戻りました。

『沖縄県史』に収められた証言によると、平安座住民の約半数は北部へ逃れました。島に残った孝一さんはガマと集落を行き来する生活が続きました。

米軍が本島西海岸に上陸し、激しい地上戦が始まったことを孝一さんは島で知りました。

「夜、照間や具志川、石川の反対側からサーチライトが上がっているのが見えました」
平安座に残った住民の間に不安が広がっていきました。

※米兵におびえる生活

沖縄本島中部西海岸に上陸した米軍は45年4月上旬からボートなどで平安座、宮城、伊計、浜比嘉の島々に上陸し、住民に投降を呼び掛けます。

北部への疎開を見送った海勢頭孝一さんの家族は、米軍の目を逃れ、平安座集落近くのガマに身を潜めていました。「米軍に捕まったら皆殺しにされる」という噂に惑われていました。上陸した米兵の姿を目撃したこともあります。

「うりずんの時期になって、敗残兵を捜索するため米軍は水陸両用車で巡回していました」と海勢頭さんは語ります。

米軍の襲来を恐れ、ガマに避難する住民の間で「これからが大変だ」という不安が広がり、「死ぬんだったら、生まれ故郷で死んだ方がいい」という絶望感にさいなまれたといいます。

時期ははっきりしませんが、追い詰められた家族はガマの中で命を絶つ決意をしたことがありました。孝一さんの祖父が青酸カリを配ったのです。飲んで死のうという直前、孝一さんの態度で家族は自死を思いとどまりました。

「私が『これを飲んで死にたくない』と足をばたつかせたため、『この世の中どうなるか分からない。生き延びてみよう』ということになったそうです」

ガマで青酸カリが配られたことを孝一さんは覚えていません。戦後、祖父から聞かされた話です。

※戦後の暮らしも混乱

45年5月以降も平安座集落近くのガマにいた海勢頭孝一さんは、島に上陸してきた米兵に遭遇することがありました。

「ガマを出て家族4人でイモ掘りをしているとき、米兵に出くわしました。逃げたら殺されると思い、がたがた震えていると、一人の兵士が黒い物を半分ちぎって自分の口に入れ、残り半分を私にくれました。生まれて初めて食べたチョコレートでした」

6月に入り、住民の間に「もう戦争は終わりそうだ。南部は全滅らしい」という話が広がります。米軍の命令で宮城島や伊計島の住民が平安座島に移動しました。「島の人口が膨れあがった」と海勢頭さんは語ります。

9月に米軍が出した「地方行政緊急措置要綱」で「平安座市」が生まれます。平安座島の人口は約4千人になりました。

戦後の貧しい生活は、朝鮮戦争とその後のスクラップブームで転機を迎えます。「朝鮮戦争前まで島は疲弊した状態が続きました。沖縄も朝鮮戦争で持ち直したのです」

平安座島では激しい地上戦はありませんでしたが、多大な戦争犠牲を強いられ、戦後の暮らしも混乱しました。太平洋戦争の犠牲者は海外を含め338人で、そのうち非戦闘員は82人を数えます。

❖奥村　敏郎さん（85歳）　沖縄市

※平安座島攻撃を目撃

米軍上陸時の体験記が奥村敏郎さんから届きました。奥村さんは、うるま市勝連の浜比嘉島で生まれ育ちました。体験記の冒頭に「基地、軍隊が存在しなければ戦いがなく、それほど苦労しなくても済んだ」と記しています。

◇

敏郎さんは1934年11月、浜比嘉島の浜集落で生まれました。四つ上の兄に菊郎さんがいました。父の眞彦さん、母美智さんは島を離れ、ポナペ島で働いていました。菊郎さんは浜比嘉島にいる父方の親戚、敏郎さんは母方の親戚に預けられました。

敏郎さんが浜国民学校（後の浜中学校、2012年に彩橋小中学校に統合）に入学したのは、太平洋戦争が勃発《ぼっぱつ》した翌年の42年です。軍国主義教育の中で育ちました。「僕らも竹やり訓練をやった」と語ります。

44年10月の10・10空襲で浜比嘉島の向かいにある平安座島が攻撃されました。敏郎さんはその様子を学校で目撃しました。

「朝礼で学校の運動場にいると東から西へ飛行機が飛んで行った。『遊軍の演習かな』と思い、海岸まで下りてバンザイをやった。すると平安座のマーラン船が攻撃されたので、児童はクモの子を散らすように逃げました」

島には米軍機から落下した薬きょうが散らばっていました。

この年、敏郎さんは3年生でした。兄の菊郎さんは島を出て、県立第一中学校に入学しています。

※学校校舎が爆撃受ける

45年3月末に始まった沖縄全域への空襲、本島への艦砲射撃に続き、米軍は4月1日、沖縄本島西海岸に上陸します。勝連村（現うるま市）浜比嘉島の浜国民学校に通っていた奥村敏郎さんは集落近くの壕に避難します。

《浜比嘉島には軍備や軍隊も一切なかったので、上陸時の米軍の攻撃はなかったです。しかし、家にいられずに近くの防空壕や自然洞窟に避難し、夕方になると家に戻り食事をして、朝になると避難するという毎日でした。》

防空壕は集落近くにある拝所のそばに掘ったもので、しばらくはこの壕に避難していました。その後、集落背後の山にある自然壕を転々としました。

『沖縄県史』に収められた証言などによると、米軍は4月に浜比嘉島へ上陸しており、住民は米兵の姿を山中の壕から目撃しています。米軍は通訳を通じて山を下りるよう住民に呼び掛けましたが、その日のうちに引き揚げました。島に再上陸することはなかったようです。

島を狙った空襲もあり、住民の脅威となっていました。

《学校の校舎が日本軍の兵舎と間違えられたのか爆撃を受けました。周辺の民家に爆弾が落ち、校舎にも命中しました。その後は爆撃はなかったです。》

浜比嘉島ではその後も本島のような激しい地上戦はなく、住民は山を下ります。

※津堅島への攻撃を目撃

うるま市勝連の浜比嘉島で沖縄戦を体験した奥村敏郎さんは、体験記の中で「基地も軍隊もなかったことから、島に上陸した米軍と日本軍による激しい戦闘がなかったと記しています。

日本軍の要衝と位置づけられ、米軍との間で激しい地上戦となったのが同じうるま市勝連の津堅島です。浜比嘉島から約5・5キロ南にあります。

『沖縄県史』や防衛庁（現防衛省）防衛研修所がまとめた戦史『沖縄方面陸軍作戦』によると、津堅島では1941年以降、住民を動員した陣地構築が進みます。要塞《ようさい》銃砲隊、歩兵部隊、野戦病院、兵舎、慰安所が置かれ、住民と軍が共存する状態となりました。

44年の10・10空襲以降、津堅島の軍備が増強されます。防衛隊や補助看護婦として島の若い男女約70人が戦場に駆り出されました。米軍は45年4月に津堅島に上陸し、激しい戦闘の末、日本軍は壊滅状態となります。住民も犠牲になりました。

奥村さんは津堅島が米軍に攻撃される様子を浜比嘉島から見ていました。「津堅島は平たい島でしょう。隠れる場所はなかったのではないか」と話します。

津堅島を攻略した米軍の命令で、住民は現在のうるま市南風原に移動します。奥村さんによると浜比嘉島に渡ってきた津堅島住民もおり、一時的に人口が増えたと言います。

※墓に避難の祖父犠牲に

浜比嘉島は沖縄本島のような地上戦はありませんでしたが、住民は生命の危機に直面していました。米軍を恐れ山中の壕に身を潜める厳しい生活の中で、奥村敏郎さんの祖父がこの世を去りました。

《私たちは浜比嘉島から一歩も出ることはなく戦争は終わりました。しかしながらわが母の父（私の祖父）は足が不自由で毎日一緒に避難することができず、自分たちのお墓に1人避難させたそうです。そしてお墓で亡くなったそうです。》

祖父を背負って海沿いの浜集落から自然壕のある山奥までの道を歩ける人は家族にいませんでした。しかたなく、祖父はお墓に避難してもらったのです。墓の中でどのような最後を遂げたのか分かりません。当時70歳くらいでした。「戦争というのは、みじめで不幸だ。祖父の死も不幸な出来事だった」と敏郎さんは語ります。

《祖父が亡くなったことを私は知らず、後に家族から聞かされて大変悲しい思いをしたのです。私は祖父にかわいがってもらったのでショックでした。だから戦争がなかったといっても悲しいことは起こったのでした。》

犠牲者は祖父だけではありません。防衛隊として戦場に動員された叔父も戦死しました。そして、首里の県立一中に通っていた4歳年上の兄、菊郎さんも本島の戦場で命を落とすのです。

※兄も犠牲、戦争憎い

奥村敏郎さんの兄、菊郎さんは1930年、浜比嘉島で生まれました。両親はポナペ島におり、2人は別々の親類に預けられました。菊郎さんは首里の県立一中に進みます。

《兄と私は年の差もあり、家も離れて暮らしていたので、兄の顔も、一緒に遊んだ覚えもないのです。兄が一中に入学していることも知りませんでした。》

米軍上陸前、菊郎さんは浜比嘉島に戻ってきました。周囲は島にとどまるよう説得したそうです。

《祖母たちは戦争が激化し大変だから首里に戻らないよう言ったそうです。しかし、いつのまにか兄の姿は見えなくなりました。兄は正義感が強く、日本軍は負けないと信じていたのでしょう。》

菊郎さんがその後、どこで命を落としたのか分かっていません。「糸満市摩文仁の海岸で石を拾い、骨壺に入れて墓に納めました」と敏郎さんは語ります。

「平和の礎」には浜集落110人、同じ浜比嘉の比嘉集落70人の名が刻まれています。地上戦のあった津堅は261人です。

《あの戦争は憎いです。生き残った私たちは兄に報いるため懸命に供養しなければなりません。「命どぅ宝」と声を大にして、反戦平和を言い続けましょう。》

兄を失った敏郎さんの思いです。

❖島袋　文雄さん（90歳）那覇市

※皇民化教育で軍人に憧れ

島袋文雄さんから「若い皆さんに私の戦争体験をお伝えしたい」との連絡をいただきました。沖縄戦当時、県立第一中学校の生徒でした。米軍上陸後、家族と共に本島南部へ逃れます。

◇

島袋さんは1930年4月、那覇市前島で生まれました。当時は塩田で知られる地域でした。現在の那覇小学校の向かいにある前島中公園には、往時の塩田の姿を今に伝える「泊塩田之跡碑」があります。

父は早世し、パナマ帽作りをしていた母の静さんに育てられます。44年、県立一中に入学します。勉強ができたのは一学期だけで、その後は勤労奉仕や日本軍の陣地構築に追われます。

「那覇港ふ頭での軍事物資の荷役作業や小禄飛行場の掩体《えんたい》壕造りなどをやっていました。既に制空権はアメリカに握られていました。わずかに日本軍の飛行機がありました」

学校では軍国主義教育が徹底されました。

「朝礼では一斉に軍人勅諭を朗読しました。国粋主義的な教師もおり、軍国主義、皇民化教育が徹底されました。疑問は感じませんでした。陸軍大将や航空兵に憧れていました」

43年にガダルカナルで戦死し、「軍神」とあがめられた与那国島出身の大舛《おおます》松市さんは県立一中の卒業生でした。「一中のスローガンは『われわれは軍神大舛に続かん』でした」と島袋さんは回想します。

※空襲で家失う

日本軍の陣地構築や勤労奉仕に追われていた島袋文雄さんは44年10月の10・10空襲に遭遇しました。この日、島袋さんは那覇港ふ頭で荷役作業をしていました。

「あの日、那覇港で作業をしていると、上空を飛行機が飛んできました。演習かと思ったら、そこへやってきた将校が抜刀して『敵機襲来』と叫びました。驚いて、現在の製粉会社（沖縄製粉）の所の地面に穴を掘って隠れていました。がたがた震えてね」

島袋さんは那覇駅（現在の那覇バスターミナル周辺）から県立二中（現那覇高校）を経て、実家のある前島に戻ります。家族は無事でしたが、米軍の空襲で家が焼けました。

「前島に戻ると母とおじいさん、おじ、おばがいました。周囲は塩田で隠れる場所はなかったんです。その後の空襲で家に火が付きました。火事で焼けぬように家の中にあった教科書を持ち出し、あたい小《ぐゎー》（屋敷内の畑）に投げました」

家を失った家族は浦添市沢岻《たくし》で家を借り、避難生活を送るようになります。

県立一中の校舎は「武部隊」と呼ばれた第9師団が接収し、生徒は首里城内の首里第一国民学校（現在の城南小学校）に通います。「国民学校の児童の多くは既に疎開していました」と島袋さんは語ります。

※西海岸に米軍艦

10・10空襲で那覇市前島の家を失い、家族で浦添市沢岻に避難していた島袋文雄さんは、45年に入っても弾薬運びや陣地構築の作業に追われていました。米軍上陸が刻々と迫っていました。

「繁多川での弾薬運搬は大変だった。わずか14、15歳の子に弾薬を運ばせたんです。沢岻では石部隊（第62師団）の壕掘りをやっていました」

3月23日、米軍の空襲が始まり、艦砲射撃が本島を襲います。

「農事試験場がある与儀のサトウキビ畑（現在の与儀公園周辺）に向かう途中、南部から響く艦砲射撃の音を聞きました」

米軍は3月29日以降、現在の八重瀬町港川への艦砲射撃に加え、海岸沿いを偵察しています。上陸に見せかけ、日本軍を南部におびき寄せる陽動作戦も展開しました。島袋さんは混乱する日本軍の姿を目撃しています。

「南部から慌てて中部に引き返す兵隊を見ました」

米軍上陸直前、県立一中の2年生以上で鉄血勤皇隊と通信隊が組織されました。1年生にも志願者がいました。島袋さんは家族と共に沢岻の壕に避難しました。

4月1日、米軍は沖縄本島の中部西海岸に上陸します。島袋さんは沢岻の高台から浦添、宜野湾の西海岸を見ていました。

「浦添の城間から宜野湾にかけて軍艦が浮かんでいました」

※砲撃で壕落盤　辛うじて脱出

米軍上陸後も島袋文雄さんの家族は、浦添市沢岻の壕に避難していました。そのころ、一緒に避難していた叔父を病気で亡くします。中国の戦場で負傷し、沖縄に引き揚げてきた元軍人でした。

沢岻では苦しい避難生活を送りました。「食べ物はイモばかりでした。壕にいるとシラミがわくんですよ。つぶすのが大変でした」と語ります。

宜野湾の嘉数や浦添の前田で日本軍と激戦を交わした米軍は沢岻に迫りました。「砲弾で集落はみんな破壊され、はげ山になってしまいました」

島袋さんが避難していた壕も米軍の砲弾で破壊されます。「4月29日、天長節のころだった」と記憶しています。砲撃で壕が落盤し、命からがら土砂の中から抜け出しました。

「もう逃げるので精いっぱい。北部に逃げることはできないので、南部に逃げることにしました」と話します。南部への避難を決めた時、日本軍も南部へ撤退することになるとは予想していませんでした。

島袋さんは母静さんや祖父らと共に首里の儀保、当蔵、真和志村（現那覇市）識名、南風原町津嘉山を通って真壁村（現在の糸満市）に向かいます。途中、首里城付近から炎が上がっているのを目撃しました。「守礼門の近くを通ると、その向こう側が燃えているのが見えました」と島袋さんは語ります。

※爆撃で母と祖父失う

母の静さん、祖父らと共に本島南部に逃れた島袋文雄さんは、真壁村（現糸満市）真栄平にたどり着き、民家に避難します。

「よそから来た私たちは、どこに自然壕があるのか分からない。集落の人はどこかに逃げていて、家は空き家になっていました。なので、私たちは戦争中だけど家の中にいたんですよ」

5月下旬に首里を放棄し、本島南部へ撤退した日本軍を追撃するため米軍は南部に展開します。島袋さんが避難していた真栄平も安全ではありませんでした。6月7日ごろ、米軍機が集落を襲撃します。

「爆弾が落ちて、家の床が吹き飛びました。人間の本能なのか、みんなばらばらに逃げました。私は向かいの畑の溝に隠れていました」

島袋さんと一緒に逃げた祖父は途中で離れてしまいます。その直後、祖父は直撃弾を受けて命を落とします。遺体はばらばらになってしまいました。集落に戻ると母の遺体が横たわっていました。胸がえぐられていました。

「一人ぼっちになった。たくさん泣きました。人手をお願いして遺体を埋めました」

母の遺骨を拾ったのは戦後のことです。

母と祖父を失った島袋さんは真栄平を離れて名城、喜屋武と南部の戦場をさまよいます。

※日本兵が自決、女性を巻き添え

45年6月、真壁村真栄平を襲った米軍機の爆撃で母と祖父を亡くした島袋文雄さんは、名城を経て喜屋武村（現糸満市）にたどり着き、避難小屋を造ります。

「現在の喜屋武小学校の近くで民家の石を積み、戸板を屋根にして、その上ににくぶく（わらで編んだむしろ）を乗せました。この掘っ立て小屋に隠れていました」

食料はなく、名城の畑で掘り出したイモを食べ、命をつなぎました。

その避難小屋の近くにも砲弾が落下し、島袋さんは腕を負傷します。弾の破片が腕に突き刺さりました。「豚の油（ラード）を傷に塗って、包帯の代わりにゲートルを巻きました」

6月21日ごろ、喜屋武を離れた島袋さんは摩文仁村（現糸満市）伊原にあった馬小屋に避難します。中には数人の日本兵と沖縄の女性がいました。「日本兵の1人は腹部に大けがをしていました。女性は看護婦か学徒だったと思います」と島袋さんは話します。

その日の夕方、米軍は馬小屋を攻撃します。その時、日本兵は持っていた手りゅう弾を爆破させ、命を断ちました。女性たちも巻き添えとなりました。

「あのころ米軍に捕まったら殺されるという恐怖心、捕まったら恥だという意識があったんです。そういう教育でした」

戦後、教職に進んだ島袋さんは戦争の悲劇の背景に軍国主義教育があったと考えています。

※米軍に投降、野戦病院へ

45年6月下旬、伊原を出た島袋文雄さんは南波平の集落の後ろにあるサトウキビ畑に隠れていました。そこへやってきた米兵に見つかります。

米兵は小銃を構えていました。島袋さんはとっさに服を脱ぎ捨てます。

「かぶっていた戦闘帽を外し、上着もズボンも脱ぎ、下着だけになって、両手を手を上げて出て行きました。兵隊と間違えられないように、と思ったんです」

米兵に捕われた島袋さんは国吉集落に連れて行かれます。

「誰か生きている人がいるのだろうか、と思ったら、国吉に行くと人がいっぱいいるわけですよ。その後、アメリカ兵が水筒の水を飲ませてくれました」

島袋さんは米軍のトラックに乗せられ、現在の豊見城市名嘉地に置かれた収容所を経て、北部に向かいます。途中、激しい戦闘で変わり果てた首里や那覇の街を目の当たりにします。米軍の豊富な物資にも驚きました。日本と米国の力量の差を思い知らされます。

「首里城の周辺は真っ白。那覇の街も破壊されていました。嘉手納の浜辺にはアメリカの物資がたくさん置かれていました。アメリカという国はここまで戦争の準備していたんだなと思いました」

島袋さんが向かった先は久志村（現在の名護市）豊原の野戦病院でした。ここで負傷した腕の治療を受けます。

＊カエルやバッタを食料に

島袋文雄さんが連れて行かれた野戦病院がある久志村豊原は当時、「ミヤランシン」と呼ばれていました。この地区に駐留していた米軍の部隊長の名前、または部隊長の出身地名という説があります。

『名護市史』によると、野戦病院は現在の久辺小学校から辺野古集落に向かう県道13号の途中にありました。「ベッドで寝るのは生まれて初めてだった」と島袋さんは語ります。この病院で腕に残っていた砲弾の破片を摘出する手術を受けました。

麻酔を施され、ベッドに寝かされていた島袋さんは夜中、顔をたたかれ起こされます。相手は遺体の埋葬係でした。手術後、麻酔がさめないので死んでしまったのか確認したのです。

その後、島袋さんは野戦病院の向かいにある埋葬地を訪ねました。「溝の中に遺体が投げ込まれ、放置されていた。私も、もう少しで埋められるところだった」と振り返ります。

野戦病院には9月の初め頃までいました。食料が不足しており、カエルやバッタを食べました。現在の宜野座村古知屋で食料増産の作業にも従事します。

その後、那覇に戻り、高校に復学します。卒業後、教職の道に進みました。

※軍国主義教育の過ち問う

2017年6月、島袋文雄さんの投稿が琉球新報に載りました。「今年私は、数え88歳の米寿を迎えることができた。しかし、私にとって戦後は、いまだ終わらない」という書き出しです。

島袋さんが運ばれた名護市豊原の米軍野戦病院で亡くなり、埋葬された人たちの骨を収集してほしいという訴えです。

「病院では毎日というほど死者が出て、向かいの墓地に無名のまま埋葬された。当時、私もその運命にさらされたかもしれない。私が今生きているのは、彼らに見守られているからである」

県にも遺骨収集を求めましたが、周辺には建造物があり、収骨は困難です。島袋さんは19年11月に豊原を訪れ、花を手向けました。「これまで抱え続けた苦悩が晴れた」と語っています。

20年3月に体験談を聞いた後、島袋さんから電話をいただきました。「戦争の背景にある教育の問題を掘り下げてほしい」という要望です。沖縄戦で孤児となり、教職の道を歩んだ島袋さんは、今日まで生きながらえたことに感謝しつつ、二度と戦争を繰り返さぬよう軍国主義教育の過ちを問い続けます。

海上基地建設が進む辺野古の海が見える地で遺骨が眠っています。未収集の遺骨はほかの地にもあります。掘り起こし、可能な限り遺族の元へ戻さない限り、沖縄の戦後は終わりません。

❖大城　武成さん（83歳）那覇市

※読谷から国頭の山へ避難

大城武成さんは１９４５年４月１日の米軍上陸時、読谷村高志保から国頭村奥間へ避難します。米兵から逃れ、国頭の山中をさまよいます。

◇

大城さんは１９３６年６月、読谷村高志保で生まれました。父は１９１４年生まれの武雄さん、母は13年生まれのカマドさん。武雄さんは召集され中国大陸の部隊に配属されましたが、病気となり読谷に戻りました。

武成さんには2歳上の兄・武徳さんと2人の妹がいました。44年には末妹の順子さんが生まれます。
《私たちが住んでいた場所からは、西海岸の海が広く見渡せました。晴れた日には慶良間の島々がはっ

きり見えました。家族8人、150坪ほどの土地の上に建つ、古い赤瓦の屋敷で暮らしました。当時、一番下だった赤ん坊の妹、順子は成長していくにつれよく笑うようになり、とてもかわいらしい子でした。》

44年当時、渡慶次国民学校に通っていました。軍国主義教育が徹底されました。《鬼畜米英と教えられ、米軍の捕虜となると、男子は犬のハンメー（餌）にされ、女子は辱めを受けると教えられました。敵の米兵は人間ではなく鬼だというふうに教えられ、それを信じていました。》

武成さんは「学校では奉安殿に最敬礼。竹やり訓練があり、『空襲警報の歌』も教わりました」と振り返ります。そしてこの年の10月、10・10空襲に遭遇するのです。

※空襲する米軍機を初めて目に

大城武成さんは10・10空襲をこう振り返ります。

《私はいつものように教科書を風呂敷に包んで、2歳上の兄と一緒に渡慶次国民学校に向かっていました。途中で「空襲だよー、家に帰れ」という声がし、皆が引き返しました。私らも向きを変えて歩きました。

すると、日本軍の北飛行場（読谷飛行場）から、ものすごい煙が上がっているのが見え、空襲で攻撃されたと分かりました。

家に着いて、庭のガジュマルの木に登って、米軍の飛行機が飛んでいるのを生まれて初めて見ました。珍しくてずっと見ていました。その時は、恐怖心は全くありませんでした。》

高志保は攻撃されませんでしたが、家族は屋敷内の壕で2日ほど過ごします。「各家がなーめーめー（それぞれ）、壕を掘っていました」と武成さんは話します。

45年3月下旬、米軍の上陸が近づき、高志保住民の疎開が始まります。割り当てられた疎開先は国頭村奥間でした。父の武雄さんは疎開に消極的でした。

《父は当初、母や祖母が「やんばるに逃げよう」といくら勧めても「逃げても食べ物がないから飢え死にしてしまう」と言って聞かなかったようです。》

しかし、3月末、慶良間の島々の周囲に浮かぶ米艦船に驚き、北部疎開を決心します。

※8歳には過酷な逃避行

1945年4月1日、米軍が読谷の海岸に上陸しました。大城武成さんは高志保から沖合に浮かぶ米艦船を見ていました。「海を見ると軍艦がびっしり並んでいました。軍艦の間を渡って歩けるかと思うくらいでした」

食料不足を心配していた父の武雄さんも疎開を決めます。1日夕、叔父、叔母らと共に国頭を目指して高志保を離れました。

《取る物も取りあえず、載せられるだけの荷物を馬車に積み、4月1日の夕方、夕飯を庭で食べて、食器を裏返しにして（ほったらかして）、海沿いの道を北上してやんばるを目指しました。叔母さんとその長男、私より七つ年上の叔父さんとその母親も一緒に、総勢12人で逃げました。

読谷村の長浜を過ぎ、恩納村の宇加地近辺に差し掛かったころ、米艦船の艦砲射撃のドカーン、ドカー

ンという音が後方から聞こえました。》
国頭へ向かう途中、日本軍のトラックとすれ違いました。
《荷台に乗っていた兵士が私たちに向かって「絶対勝つからね」と言って南へ向かって行きました。車のライトはつけず、エンジン音と兵隊の声だけ聞こえました。この時も、日本は絶対勝つと信じていました。》
国頭まで三日三晩歩き続け、眠気と疲労のあまり、途中に海に落ちて助けられることもありました。8歳の少年にとって過酷な逃避行でした。

※「鬼畜」と異なる米兵の姿

家族や親族ら総勢12人で読谷村高志保を出発し、やんばるを目指した大城武成さんは、国頭村で米兵と遭遇します。

《国頭村の比地川を目の前にして馬を荷車から外し、川沿いに山奥へ上ろうとしていました。すると突然、目の前に青い目をした米兵が現れました。生まれて初めて見た米兵に私は恐怖を感じました。総勢12人ほどで全員銃を担いでいましたが、私たちに銃口を向けることはありませんでした。

数人の米兵が近寄ってきて、母親に抱かれていた妹の順子の天然パーマの髪の毛を指さして「毛、かわいい」という風なことを言っているようでした。》

米兵の表情はにこやかでしたが、安心はできません。父の武雄さんが機転を利かし、難を逃れます。

《米兵が母と叔母さんの2人を連れて行くと身ぶりで示したらしいのですが、父がジェスチャーで2人とも妊婦であることを伝えると、米兵はそれ以上強制して連れて行くことはしませんでした。父のついた嘘のおかげで2人は連れて行かれずに済みました。》

家族を連行しようとしたものの、米兵の姿は学校で学んだ「鬼畜」とは異なっていました。武成さんは「父は兵隊の経験があるためか、米兵は民間人を殺さないと考えていたようだ」と語ります。

※家族・親族、皆が栄養失調に

国頭村に着いた大城武成さんの家族は馬車を引いていた馬を携え、比地川沿いの道を上っていきます。《それまでの3日間は、食料として持参していたイモを食べていました。昼間炊いて、米軍機の音が聞こえると火を消して、過ぎ去るとまた火をつけました。一日分のイモを炊いて、三度に分けて食べました。》

イモが尽きると、父の武雄さんと叔父が馬をつぶして家族で食べました。高志保から一緒に逃げていた人々にも馬肉を分けました。その後も食料不足が続きます。

《食べるものが何もなくなり、飢えに苦しみだすと、父が食べ物を探すために1人、夜の山を降りていきました。帰ってきた父は一斗缶を抱えていました。米軍から盗んできたもので、缶詰が入っていました。》

武雄さんが米軍の陣地から食料を調達した時、「助きてぃくみそーり」という女性の声を聞きます。米軍に銃で撃たれて負傷しており、山の麓に運んだといいます。初めて食べた缶詰はおいしいとは思えませんでした。

武成さんの家族らは山中を横断し、東海岸の東村高江にたどり着きます。地元住民が建てた避難小屋に隠れましたが、食べる物はありませんでした。

《私たちの家族・親族はさらに悲惨な飢えに苦しみ、最終的には皆が栄養失調になります。》

※栄養失調で妹を亡くす

食糧不足の苦しむ家族の中でも、1歳に満たない妹の順子さんは著しく衰弱していました。

《栄養失調で母親の母乳が出なくなると、まだ乳飲み子である末の妹の順子は誰よりも弱っていきました。笑顔を見られなくなりました。

祖母が一つのイモをどこかの畑から掘り出して持ってきました。たった一つのイモを炊いて順子に食べさせると、離乳食の時期にはまだ早すぎたであろうにもかかわらず、一生懸命にかぶりついておりました。》

順子さんは力を振り絞ってイモを食べたのでしょう。「これが順子の最後の食事になりました」と武成さんは語ります。

家族は高江で1週間ほど過ごした後、再び国頭村奥間に向かいます。食料を求めてのことでした。山を降りたころ、順子さんは息を引き取りました。

順子さんは奥間の南に位置する鏡地集落の砂浜に葬られました。戦後、遺骨を拾うことはできませんでした。「平和の礎」に順子さんの名前が刻まれています。

鏡地や奥間の海岸には公園やパークゴルフ場が整備され、地域住民や村民の憩いの場となっています。

観光客が訪れるリゾート施設もあります。この美しい砂浜で75年前、武成さん家族には忘れられない悲しい出来事があったのです。

※戦闘収まるも食料不足

乳飲み子の順子さんを栄養失調で失った大城武成さんの家族はその後、国頭村奥間にある「前仲門」という屋号の家で暮らします。

日米両軍の戦闘は収まっていましたが、食料不足は続いていました。

《終戦直後で、栄養失調の状態でいつもおなかをすかせていた私は、奥間の砂浜で、米兵が捨てたであろう濡れたパンを拾って食べたことがあります。

別の日、同じく栄養失調の兄と2人で、辺土名のごみ捨て場のような場所で、米兵の捨てた空き缶を拾ったことがあります。

中身を食べようとしていると、それを見た米兵に捨てるよう促され、いったん捨てました。米兵の姿が見えなくなると再度拾って、缶の中に指を突っ込み、残っていたバターを食べました。とても美味しかったです。忘れられません。》

家族はその後、金武町中川で暮らしました。母のカマドさんが海で採ってきたチーパッパ（ツワブキ）を食べ、飢えをしのぎました。「あく抜きしたソテツのかすも食べました」と語ります。

1946年、家族は読谷村高志保に戻ります。家の3分の2は失われていました。武成さんは学校に戻り、1学年下の子と共に学びました。こうして、戦後の歩みが始まりました。

※米兵発砲で住民亡くなる

国頭村や東村の山中に避難した大城武成さんには忘れがたい体験がいくつかあります。一つは妹ナヲさんと東村高江にいる時のことです。

《私と2歳下の妹ナヲは米兵に遭遇します。英語を話す声が聞こえ、私とナヲは手をつないだまま、その場で動けずに立ったままでおりました。その時、私たちの近くにいた、よそのお父さん（読谷内の隣の集落の人）が自分の前を行く子に「ひんぎれー」（逃げろ）と叫びました。

すると、私より年上の兄と同年くらいの妹のきょうだいが走り出しました。その途端、私たちのすぐ後ろにいた米兵が発砲し、弾は妹のひじを貫通し、兄の背骨を直撃しました。兄は「あんまー」（お母さん）と声を発し、そのまま亡くなりました。》

息子を失った家族と武成さんの家族は雨の中、亡くなった少年を埋葬しました。戦後、武成さんは中学校で少年の妹と出会いますが、高江での出来事を話す機会はありませんでした。

同じ高江で見た女性の姿も忘れられません。夫を米兵に殺された読谷の避難民でした。

《わったーお父《とう》やアメリカーんかい鉄砲で撃ち殺《くる》さってぃ、後から手りゅう弾ばんばん投ぎらってぃ、骨《ふに》ん肉《しし》ん、むるねーらんなてぃ、なーちゃーすがや》

夫を失い、遺体も残っていない。どうすればいいのか。女性の嘆きが聞こえてくるようです。

※生死不明の少年　忘れられず

東村高江から国頭村奥間へ向かう山中で出会った少年のことも忘れることができません。少年は行く手を遮るように細い山道に横たわっていました。

《少年は私と同い年くらいで両太ももあたりを撃たれており、歩けなくなって倒れていました。少年は「いったーあんまーや　捕虜さってぃ　はいったんどー」（君たちの母親は捕虜になってしまったよ）と私と兄に言いました。

それは事実ではありませんでした。本当は私たちを引き留めたかったか、一緒に連れて行ってほしかったのかもしれません。そう言った少年の体をまたいで私たちは山を下りました。》

栄養失調に苦しむ武成さんらは少年を助けることができませんでした。少年がその後どうなったか分かりません。「思い出すと、いまでも胸が苦しいです」と振り返ります。米兵に撃たれた少年、夫を失い嘆く女性とともに、この少年のことを家族に語り続けてきました。

武成さんは戦後、奥間を幾度か訪れました。２０１９年も訪れ、お世話になった家族を捜しました。

《現代に生きる若い人たちには戦争を二度と起こしてはならないと伝えたいです。》

悲しい戦場を生き、平和を求める武成さんの願いです。

■――エピローグ①＝新型コロナウイルス感染からみえてきた沖縄戦

悲劇を呼ぶ相互監視

＊見えぬ「恐怖」がデマ生む

「私もこんなふうに疑われていたのかな」。本島南部に住む50代のタクシー運転手の女性は２０２０年３月下旬、同僚の運転手の体験を聞き身震いした。

新型コロナウイルスの感染拡大が続く中、発熱があった同僚は大事を取って営業を自粛した。幸いにも同僚は感染しておらず、約２週間休んだ後、現場に復帰した。しかし、運転手仲間から思わぬ言葉を浴びせられた。「コロナの菌を持ってるんじゃないか」

「休んでいる間にうわさが広がったようだ」と肩を落とす同僚を目の当たりにして、暗い気持ちになった。２月、クルーズ船が那覇港に寄った。その船客を乗せたタクシー運転手の感染が発覚した当時の状況を思い出したからだ。女性も乗客を送迎したため出社を２週間控えた。同時期、同居の親

沖縄戦当時の住民虐殺について語る宮城康二さん

護郷隊について語る名護市教育委員会の川満彰さん

族が発熱した。「疑いの目がないか気になる。人のうわさは本当に怖い」

ウイルスという「見えない敵」への恐怖からだろうか。相互に監視し、不確かな情報から攻撃的な言説が生まれる雰囲気が漂う。

沖縄戦当時、陸軍中野学校出身将校によって組織された少年兵部隊「護郷隊」を調査した、名護市教育委員会市史編さん係の川満彰さんは「戦時下で生まれた密告社会も多くの悲劇を生んだ」と指摘した。

戦況が悪化していた沖縄戦末期の１９４５年、今帰仁村の宮城康二さん（92歳）は17歳で護郷隊に入った。日本軍はスパイリストを作っていた。「うわさが2人を殺した」

護郷隊は解散したが、宮城さんは海軍の部隊に身を寄せた。ある日、部隊の兵士が大量の返り血を浴びて戻った。兵士は「スパイを殺してきた」と言った。

殺されたのは今帰仁村渡喜仁の住民だった。宮城さんは兵士から聞いた。「夕ご飯を食べている時に連行されて日本刀で斬り殺された。『海軍の者だ』と名乗って呼び出したそうだ」

スパイの疑いを掛けられた5人のうち2人が殺された。宮城さんは「誰かがスパイだと兵士に話したんだ」と振り返った。だが、スパイの嫌疑の根拠になるような証拠はなかった。

「（告げ口は）部隊に出入りしていた女の人がしたと言っていた。今となっては何も分からない」

同様の日本兵による「スパイ虐殺」の事例は県内各地で報告されている。川満さんは「戦時には翼賛体制の下で各地方に隣組が組織され、住民同士の相互監視が生まれた」と指摘した。

※私権制限に国家統制の影

背景にあったのは1938年に制定された国家総動員法。私権を制限する法制度の下で国家統制が敷かれ、行き着いた先は戦争だった。

コロナ禍の今、私権制限の必要性の是非が論じられている。緊急事態宣言の強制力を巡り、自民党内では有事の際の政府権限をさらに強めるため、日本国憲法への緊急事態条項の創設を求める声が上がった。川満さんは強調した。「新型コロナの感染拡大を『国難』と称して私権を制限する法改正に結び付けようとする動きに違和感を覚える。主権が国民になく『国体』ありきだった時代に何が起きたのか、今一度振り返るべきだ」

※差別が憎しみあおる

「人の目が気になって実家にも帰れない」。南部の病院で勤務する女性看護師（27歳）はため息をついた。新型コロナウイルス感染者の増加で、女性が勤務する病院では職場環境が急激に悪化した。5人程度の新型コロナ感染者を受け入れているが、支給されるマスクは1週間に1枚のみ。使い捨てのマスクを洗い、何度も使っている。医療用の手袋も手に入らないため、インターネット通販などから自分で調達する。

感染リスクを避けるため、女性は家族や友人と会うのを控え、極力出歩かない。1人暮らしの自宅と職場を往復する単調な毎日。感染の恐怖と孤立感が女性をさらに追い詰める。「周囲は私が看護師であることを知っている。誰かと会うと『コロナにかかっているのでは』と疑われているようで息苦しい」

15人ほどの感染者を受け入れる中部の病院で働く男性看護師（29歳）は、自身が医療従事者であることで、家族がいわれのない「差別」を受けることがないように別居も考えている。男性は「終わりが見えないつらさがある」と吐露する。

＊同調、異論許さぬ雰囲気に

20年3月、海外から帰国後に新型コロナの感染が判明した少女について、インターネット上では個人を特定しようとしたり、中傷したりする書き込みが相次いだ。少女へのバッシングはエスカレートし、県に「名前や学校を教えろ」と脅迫まがいの電話まで寄せられた。緊急事態宣言が発出される前後から、互いの行動をとがめあうような空気が広がっている。

一方で、安倍晋三首相は会見でたびたびコロナ禍を「国難」と表現する。「国民一丸となって」と国の方針への同調をうながす強いフレーズを繰り返す。

「戦前の雰囲気と似てきている」と警戒感を示す大田朝章弁護士

8歳の時、県外の疎開先で終戦を迎えた大田朝章弁護士（82歳）は「戦前の雰囲気と似てきている」と警戒感を示す。戦時下の沖縄で通っていた小学校の校庭で見た光景は今でも覚えている。「校長先生が生徒の前で『鬼畜米英』と敵国を罵倒していた。他者への憎しみをあおり、異論を許さない雰囲気があった」

大田さんは県外に疎開して戦火を逃れたが、徴兵された兄は命を落とした。全体主義が招いた戦争の悲劇を経験し、戦後、法律の道に進み裁判官に。平和主義をうたう日本国憲法の尊さを痛感し、戦前回帰の動きには強い抵抗感がある。

「コロナという災厄を口実にして異論を排除する雰囲気ができつつある。日本国憲法が保障する人権、民主主義を守り抜くのが私たちの役目だ」。戦争を知る法律家はこう語ると、ぎゅっと拳を握った。

※9条の尊さかみしめる——戦争体験者は改憲の動き危惧

新型コロナウイルスの感染拡大の影響は市民生活に留まらず、全国の法廷にも波及した。那覇地裁でも20年3月下旬から次々と裁判の延期が決まったが、その一つが「安保法制違憲訴訟」だった。集団的自衛権の行使を認めた安全保障関連法が「不戦」を明記する憲法に違反するかが争われた訴訟は、4月16日に判決が出る予定だった。

「あんな戦争は二度とごめんだ」。宜野湾市の横田チヨ子さん（91歳）はそんな思いから訴訟の原告団に加わった。「戦争の実態を訴えたい」と証言台にも立った。

「大本営発表以外は信じるな。その言葉を信じた末に待っていたのは地獄だった」。沖縄から当時日本領だったサイパンに移住していた横田さんは、南洋の島で戦火に巻き込まれた。

軍国少女だった横田さんの夢は、「満州で従軍看護婦になること」。夢の実現のため、歯科医院で働きながら看護師の資格取得を目指した。父親は国の南洋進出に伴って設立された国策会社で働いた。国家体制と一体だった家族の暮らしはある日、一変した。

44年6月から空襲が始まった。米軍の侵攻に追われ、たどり着いたのはアダンの大木。米軍機の攻撃を避けるため両親ときょうだいが身を寄せ、横田さんはそこから少し離れた木の下で息を潜めていた。その

アダンの木の下で「サイパンの戦場を思い出す」と語る横田チヨ子さん

時、破裂音が響いた。

「兄さん、やられた」

右脇腹に銃撃を受けた横田さんは思わず叫んだ。駆け寄った兄が、横田さんを家族がいるアダンの木に避難させたが、攻撃は終わらなかった。

「機銃掃射が合図かのように今度は迫撃砲が飛んできた」。砲撃を受けた兄は死に、父も左腕に重傷を負った。断裂寸前になった腕を自ら切り落とそうとした父はその傷が原因で衰弱し、翌日息を引き取った。

「カミソリで腕を切ると大量の血が噴き出してどうしようもなかった。家族と離れていたせいで父と兄が死んだ、と自分を責めた」

避難中に母、弟ともはぐれ、ひとりぼっちになった時には死ぬことも考えた。思いとどまったのは「何としても生きろ」という父の遺言があったからだ。

自身の戦争体験から「戦争の放棄」をうたう憲法9条の尊さをかみしめる。しかし、違憲訴訟に関わる安保法制をはじめ、改憲の動きは加速している。新型コロナの感染が広がると、私権制限を強める「緊急事態条項」の創設を求める声まで出てきた。

横田さんは「新型コロナは確かに怖い。でも、異論を許さない全体主義はもっと怖い。戦争を知る私たちは、大きな声にかき消された真実がないか、問い掛けることを止めてはいけないと思っている」と力を込めた。

■――エピローグ②＝沖縄戦75年　今語らねば、新たな証言

❖米兵に撃たれた父を、7歳で畑に埋葬

オリオンビール会長・嘉手苅　義男さん（81歳）

沖縄戦75年

マラリアの治療で腕に負った傷跡を示す嘉手苅義男さん＝2020年6月9日、浦添市のオリオン会館

※沖縄の山の中は10月まで戦争だった

オリオンビール会長の嘉手苅義男さんは沖縄戦で父・松吉さん（当時37歳）を失った。屋部《やぶ》村（現名護市）旭川の出身で、嘉津宇《かつう》岳の山裾に家があった。嘉津宇岳と並ぶ八重岳には第32軍の国頭《くにがみ》支隊（宇土《うど》部隊）が陣地を築き、家族の生活にも戦争が影を落とした。軍から食料や鍋、農具などの供出が命じられ、松吉さんは防衛隊員として伊江島に駆り出された。

45年3月下旬に名護への空襲が始まり、名護湾に集まった米艦船が本部半島に艦砲射撃を繰り返した。

嘉手苅家も空爆の直撃弾に遭い、旭川に避難して来ていた、いとこたち5人が犠牲になった。空襲を免れた嘉手苅さんは、母・芳子さんと4人の姉妹と

ともに山中のガマ（自然壕）に身を潜めた。激しい艦砲射撃で、山に逃れた多くの住民が犠牲になった。

本部《もとぶ》半島を制圧した米軍は、4月16日に松吉さんのいる伊江島に上陸する。伊江島は「沖縄戦の縮図」と言われるほど激しい地上戦となった。だが、松吉さんは仲間と舟を作り夜中に島を脱出し、家族と合流した。羽地村に設けられた米軍の収容所に家族でたどり着いた。

戦後の生活が始まるはずだったが、10月、松吉さんは地元の友人の妹を米兵から守るために、収容地区を抜けて嘉津宇岳の集落を目指して山に入っていった。松吉さんは戻らず、嘉手苅さんは叔父たちに連れられて父を探しに出た。

山中で銃に撃たれた松吉さんの遺体が見つかった。自宅の畑まで遺体を運び、穴を掘って埋葬した。「せっかく伊江島から生きて帰ってきたのに。あんなに悲しい思いはその後の人生でもない」と、嘉手苅さんは唇をかんだ。大黒柱を奪った戦争は、一家の境遇を一変させた。母の芳子さんは戦後、女手一つで5人の子を育てるため那覇に出て、平和通りかいわいの市場で商売を始めた。嘉手苅さんは学校に通いながら働き、母親を支えた。

「おやじを土に埋めた話なんて、今までなかなか身内にもしなかった。やはり戦争はあってはならない。私は一番の戦争反対者だ」

※戦後まで続いた苦難を語る――「私は一番の戦争反対者」

――少年期に沖縄戦を迎えている。

「私の家は旧屋部村の旭川、あそーという集落にあった。嘉津宇岳を登っていく。今で言う『ポツンと一軒家』だ。1944年4月に小学校に入ったが、すぐ（5月）に授業がなくなった。10月の最初の空襲の時は、庭に大きなガジュマルがあって、そこから名護湾で船がやられるのが見えた。その後、家にも米軍の爆弾が落ちた。自分や母は外にいて無事だったが、うちに避難しに来ていた、いとこたちが5人ほど死んだ。それから山の中で防空壕生活が続いた」

――父親はどうしていたのか。

「父は伊江島に召集されていた。伊江島は沖縄戦の中でも壮絶な『玉砕の島』だ。でも、おやじは大工ができたので、ウミンチュ（漁師）の仲間と3人で夜中にサバニを作って本部町まで生きて帰ってきて、家族で羽地の収容所に収容された。そうして父は収容所にいたが、友人の妹を米兵から守るために、友人のおじさんも一緒に3人で嘉津宇岳の家に戻って行った。その山の中で友人のおじさんが銃撃され、逃げた父も撃たれた。父の友人1人だけが生きて山を下りてきた」

――組織的戦争が終わっても、山中にはまだ日本軍の敗残兵もいた。父親を撃ったのは日本兵か米兵か。

「撃ったのは白人だという。米兵がやぶの中で女性を探して歩いていると言われていた。自分のおじさんたちと一緒におやじを探しに行った。長男だったのと、子どもを連れていれば殺されないという考えがあったのだろう。そこでおやじが死んでいた。何人かで担いで家の畑まで運んだ。穴を掘ってビロウの葉っぱを敷き、その上に乗せて、またビロウをかぶせて埋めた。父の死に接したのは家族では僕だけ。撃ち抜いた弾が父の眉間に大きな穴を開けていた」

――7歳で自身の父親を埋葬する体験をした。どのような思いだったか。

「何と言えばいいのか、もうすぐ82歳になるが今になってもこんなに悲しい経験はしたことはない。父

孫たちを連れて名護市旭川の生家を目指す嘉手苅義男さん＝2020年2月、名護市

は6月に死んだことになっているが、実際は10月だった。皆さんは6月23日、8月15日で終戦だと言う。しかし、沖縄の山の中は10月まで戦争だ。5人の子どもを抱えて残された母の苦労は計り知れない。戦後の生活はとにかく貧乏だった。母を助けることだけに一生懸命だった。戦争は絶対にあってはならない。基地反対、戦争反対いろいろあるけれど、私は一番の反対者だ」

――艦砲射撃を受けた本部半島には八重岳に日本軍の部隊がいた。軍隊と住民が一緒にいた所では住民に大きな犠牲が出た。

「だから本島南部はあれだけの犠牲者が出た。やんばるは兵隊は少ないが、私たちの集落は八重岳に兵隊がいたから爆弾を落とされた。今だって自衛隊がいなければ誰も爆弾を落とさないだろう。基地がなければ誰も爆弾を落とさない」

「日本兵には嫌な思い出しかない。今でも思うんだけど悪魔だよ。国民のためと言うけど全く違う。われわれは（農耕に使っていた）馬も取られるし、鉄でできた鍋や道具も全部取られた。強盗団のように、みんな持っていった。自分の家の前を、白い着物姿のお姉さんたちが一緒に歩いて行く光景が記憶に残っている。母が『あれは、ちょーせなー（朝鮮人）』と言っていた。子どもだったから分からないが、想像すると慰安婦の人だったと思う」

――戦争が終わった後の生活も苦しかったか。

「マラリア、赤痢、疫痢、髄膜炎全てかかった。マラリアにかかったのは8歳のころで、注射を打ったら腕が腫れてしまい、上腕部を切って膿《うみ》を出した。今も腕に残っているかんぱち（傷痕）は、マラリアにかかった証拠だ。命《ぬち》どぅ宝というけど、それを実際に経験している」

――戦争を語り継いでいくことをどのように考えているか。

「子どもたちに私が生まれた場所や戦争の話はするけれど、おやじを土に埋めた話なんかはなかなか身内にするものではなかった。悲しいし寂しいから、語り継ぐというよりは記録を残すしかないかと思う」

「2020年2月に息子や孫たちと一緒に屋部小学校の方から嘉津宇岳に登った。途中までしか行けなかったけど、孫たちは喜んで歩いていた。ルーツはここだということを子々孫々につないだ方がいい。今年で最後だと思って行ったわけだが、来年また別の道から挑戦しようと思う」

❖家族10人を失い、8歳でひとりぼっちに

糸満市糸満・金城　節子さん（83歳）

沖縄戦75年

※日本兵に銃を突き付けられた恐怖は消えない

1945年6月中旬、本島南部の旧摩文仁村伊原。米軍が空からの爆撃と艦砲射撃で日本軍陣地に徹底的な攻撃を加える中、当時8歳だった金城節子さんは、ひとりぼっちで戦場を逃げ惑っていた。「パー

沖縄戦体験を初めて公に証言した金城節子さん＝2020年6月20日、糸満市

パー（おばあ）よ」。はぐれた祖母を探し、泣き叫ぶ少女に日本兵は「撃つぞ」と銃を向けた。その時、「ヒンギレー（逃げろ）」。近くから声が聞こえた。一目散に必死で逃げた。「神様、神様、助けて、助けて」。心の中で叫び続けた。

米軍が迫っていた45年6月。金城さんは母の富さんと弟の正一ちゃん、正康ちゃん、祖父の勝二さんと祖母のトクさん、親戚の美代子さん、父方の祖父の次良さんなど計11人で糸満の集落を転々と逃げ続ける中、次々に家族を失った。同じころ、日本軍は与座岳から国吉―真栄里―米須《こめす》を最後の防衛戦として部隊を再配備し、徹底抗戦していた。米軍は空と海、陸から猛攻撃を加え、西側から摩文仁へ迫った。一家が逃げ惑った時期と経路は、まさに最後の激戦の渦中だった。

実家のある糸満を出て国吉から真栄里に向かう途中、ちぎれた日本兵の足を踏んで驚いて歩けなくなってしまった金城さんを、おぶってくれたのは祖父の次良さんだった。しかし次良さんは歩けなくなり、真栄里の手前で別れた。「お母さんたちに付いて行きなさい」。それが最後の言葉だった。

真っ赤に防風林が燃える真栄里を通過し、伊敷にたどり着いた。金城さんと母の富さん、弟2人は屋敷内の石垣のそばに隠れ、他の家族は馬小屋に身を潜めた。金城さんは「パーパー（おばあ）のそばがいい」と美代子さんと場所を代わってもらった。

「バーン」。10分もしないうちに、近くに落ちた爆弾が美代子さんを吹き飛ばした。即死だった。そばにいた母の頭上には、空から機銃掃射が降り注いだ。母がおぶっていた、末弟の正康ちゃんの頭を弾が貫通した。2人の遺体を道端の畑に埋め、先を急ぐしかなかった。

けがをした母と、母を担いでいた叔父らが遅れ、伊原にたどり着いた時には、祖母と弟の正一ちゃんの3人となっていた。ガジュマルのそばに座った。そこに日本兵が来た途端、爆弾が落ちた。破片が日本兵の鉄かぶとに当たって跳ね返り、正一ちゃんの頭を直撃した。祖母は幼い孫の亡きがらを畑に埋め「後で迎えに来るから」とつぶやいた。

祖母と2人だけとなり、逃げる金城さんの頭上には艦砲弾が「ヒューヒュー」と飛び交った。爆弾が近くに落ち、ついに祖母ともはぐれた。戻って祖母を探すが見つからない。たくさんの死体に紛れて米軍をやり過ごし、伊原の近くで米兵に背後から捕らえられた。

戦後、金城さんは稼業を優先し、自身の戦争体験を公に語らなかった。日本兵に銃を突き付けられた恐怖や戦場での心細さは胸の奥深くにとどめたが、記憶は消えることはなかった。「ずっと苦しかった。この年になったら体験したことを伝えたい、という気持ちを我慢する必要はないと思った。本当に戦争は生やさしいものではない」

※戦争は人の心を鬼にする、平和が大事

金城節子さんは戦後、自身の戦争体験を公の場で語ってこなかった。県遺族連合会と日本遺族会が主催する「平和祈願慰霊大行進」には毎年、参加した。しかし昨年、途中で体調を崩して歩くのを中断するなど自身の体力の衰えを感じた。「今語らなければ、もう残せないかもしれない」。切実な思いがあり、自らの体験を語る決意をした。

沖縄戦で親戚や弟2人の死を目の当たりにし、はぐれた母や祖母を探し、戦場を一人でさまよった。逃げる途中、至る所に散らばる遺体を目にした。「シュー」。気付かず、膨れあがった遺体を踏むと音がした。内蔵がえぐれた日本兵の遺体が転がり、死んだ母親に寄り添って泣く子どもを目にしても、何も感じなかった。金城さんは「戦争は人の心を鬼にする」と振り返る。

戦後は慰霊大行進を歩き、亡くなった家族を弔った。行進コースには金城さんが戦争中、家族と一緒に避難した行路が含まれる。当時は遺体であふれていた道は、今はきれいに整備された。家族が亡くなった場所の近くを通るたび「今年も会いに来たよ」と心の中で語り掛けた。

自らの戦争体験を残したいと願う金城さんの気持ちを受け止めてくれたのは、またいとこの新垣康博さん（69歳）で、2019年11月から聞き取りを始めた。金城さんは「自分が死んだら終わりで、もう残せないと思っていた」と感謝する。

体験を残したいと考えるのはもうひとつ理由がある。金城さんは沖縄戦の直後、旧具志川村前原の収容所に移され、孤児扱いとなったが、母方の祖母の姉・カメさんが収容所に迎えに来てくれた。カメさんの一家に引き取られ、カメさんの娘の玉子さんにも、よくしてもらったという。自らの体験を残し、感謝の気持ちを表したいと考える。

沖縄戦から75年が経過した。戦後生まれの世代は、戦争の恐ろしさを真に受けていないのではないかと感じる。「戦争の苦しみは体験した人じゃないと分からない。戦争の教訓は平和だ。誰がなんといっても平和が大事なんです」。金城さんは力強く語った。

「命どぅ宝」示す壮絶な証言　不戦の誓い新たに

沖縄の島々が深い鎮魂に包まれる6月23日の「慰霊の日」。沖縄戦75年の節目となる2020年の当日と2日前の21日、琉球新報1面トップに県民読者が目を見張った証言が相次いで掲載され、反響を呼んだ。

本書の発刊・編集作業は佳境を迎えていたが、出版元の高文研に無理を言って、エピローグに収めてもらった。

おひとかたは、オリオンビール会長の嘉手苅義男さん（81歳）である。沖縄戦の組織的戦闘が終わってから3カ月以上たった1945（昭和20）年10月、名護市の山深い生家近くで、嘉手苅さんは米兵に撃たれた父の遺体を見つけ、一家の生活を支えた畑に亡きがらを埋めた。

当時7歳の息子は何を思ったのか──。深い悲しみが宿る最愛の父の死について聞くと、嘉手苅さんの目は一瞬宙を舞った。深く息をつき、話し出すまで間合いが空いた。

戦後の米軍統治下の中で産声を上げ、沖縄の製造業を代表する企業を率いてきた沖縄経済界の重鎮の戦争体験は、何人もの記者が断片的に聞いてはいた。だが、嘉手苅さんが撃たれた父を自らの手で葬ったことを明かしたのは初めてだった。その悲痛な体験は、日米の組織的戦闘が終わった後も罪のない住民の犠牲が続いた沖縄戦の実相を照らし出した。

慰霊の日当日の朝刊に掲載されたのは、沖縄本島南部の激戦地・旧摩文仁村など（現糸満市）で、米軍の砲弾が炸裂する戦場を逃げ惑った金城節子さん（83歳）の証言だ。米軍が迫り来る45年6月、家族11人で糸満の集落を転々と戦火を避けたが、金城さんはひとり、またひとりと家族を失った。砲弾の破片に当たり息絶えた弟を畑に埋めた祖母とふたりきりになった後、砲弾が近くに落ち、祖母の消息も途絶えた。祖母を探し回り、泣き叫んだ記憶をたどった金城さんの証言の主見出しは、「神様、助けて」だった。10人の肉親を奪われ、8歳の女児がたったひとりでおびただしい死体にまぎれて米兵をやりすごした時、その胸にはどんな思いがあったのだろうか。

戦後、金城さんは仕事を優先し、自身の戦争体験について公にしてこなかったが、今回、取材に応じた心持ちをこう語った。「この年になったら体験したことを伝えたい、という気持ちを我慢する必要はないと思った。戦争は生やさしいものではない」「今語らなければ、もう残せないかもしれない」

嘉手苅さんと金城さんの証言に共通するのは、最も近い肉親を葬った悲痛さである。沖縄戦から75年の歳月の重みと体験を語り継ぐ重要性を踏まえ、意を決して、取材に応じてくれたように思う。

沖縄に駐留した第32軍は「軍官民共生共死の一体化」を促し、本土防衛の時間を稼ぐため、何の罪もないウチナーンチュを「出血持久戦」に巻き込んだ。米軍が「ありったけの地獄を集めた」と表現した軍民混在の戦場で、県民の4人に1人が犠牲になった。

沖縄が捨て石にされた史実を丹念に解き明かした沖縄戦研究者の成果を踏まえ、報道機関として史実を正確に継承するため、琉球新報は第32軍を「沖縄守備軍」と呼称することをやめて久しい。

沖縄戦体験者が減り続け、その継承の在り方が大きな課題となっている。「沖縄戦75年」企画を担当した編集局次長兼編集委員の小那覇安剛を軸に、私たちは編集局の総力を挙げて新事実と証言の発掘に取り組んだ。担当記者たちの地を這うような取材を支えたのは、沖縄戦の実相を後世に正確に伝え、沖縄に二度とあのような戦火が押し寄せてはならないという思いを抱く体験者の熱意であった。

本書は1944（昭和19）年10月10日の「10・10空襲」を皮切りに、4つの連載が中心になっている。その背骨をなすのは、60人を超える体験者の貴重な証言だ。沖縄戦から四半世紀を三度も刻む75年を迎えれば、大きな節目とはいえ、体験者の証言は得にくくなる――と見立てていたが、多くの方が自ら手記を寄せたり、迷いを振り切って取材に応じてくれたりした。その志に深い敬意を表したい。

「10・10空襲」を巡っては、県都・那覇市だけでなく、住民が暮らす市街地をも数波にわたって襲った沖縄本島全域に及ぶ無差別爆撃の惨状を振り返るとともに、空襲前の暮らしぶりや風俗、市街地の活況ぶりがうかがえる。本書に収めた記事群は、過酷な日本軍の陣地構築作業への動員、沖縄戦後に米軍基地に組み敷かれて消えてしまった故郷の集落、米軍の攻撃で焼け落ちた首里城の様子、沖縄戦が迫り来る中で迎えた旧正月の様子など、戦争で奪われた庶民の日常を活写したように思う。さらにウチナーンチュの心のよりどころである、文化財や豊かな自然が目に浮かぶような情景描写に意を配ったことも特徴であろう。証言を丹念に拾い、読み解き、軍民混在の戦場で起きたことを緻密に再現する構成力は新聞の持ち味であり、「沖縄戦の風化」という言葉が一人歩きすることに歯止めをかけることにもつながるように思う。

沖縄戦当時、沖縄の新聞は「沖縄新報」に統合され、日本軍の劣勢を一切報じず、県民を戦争に駆り立てる役割を担った、多くの犠牲を出した責任は免れない。沖縄戦75年の節目の報道にあたり、私たちは辺野古新基地問題に象徴される、今の沖縄に横たわる米軍基地の過重負担の不条理と沖縄戦が、まぎれもなく地続きであることをあらためて自覚した。

私たちは県民読者と共に歩み、沖縄の普遍的価値である「命どぅ宝」を胸に刻み続けたい。そして、戦争のきなくささが増し、軍事優先に傾くこの国の在り方、民主主義が機能しているかについて厳しく警鐘を鳴らす役割を果たさねばならない。本書を読んでいただいた皆さんに、不戦の誓いを未来の沖縄社会にもともし続けたいという「琉球新報」の決意を感じ取ってもらえれば、幸いである。

沖縄戦75年の多面的な紙面を書籍化するに当たり、的確な助言をいただいた上、最終段階での増補にも快く応じてくれた高文研の山本邦彦さんに深く感謝申し上げたい。

２０２０年６月23日「慰霊の日」

琉球新報社取締役・編集局長　松元　剛

沖縄戦75年——
戦禍を生き延びてきた人々
══ 取材・執筆者一覧 ══

◆あの日、あの場所で　10・10空襲で破壊された街
（2019年10月6日～10月10日連載）

◆奪われた日・再生への願い　戦後75年県民の足跡
（2020年1月3日～3月29日連載）

■仲村良太（なかむら・りょうた）　■池田哲平（いけだ・てっぺい）

■高田佳典（たかだ・よしのり　西日本新聞社より出向）

■安里洋輔（あんり・ようすけ）　■上里あやめ（うえざと・あやめ）

◆憲法とコロナ　沖縄の現場から（2020年5月1日～3日連載）

■安里洋輔

◆読者と刻む沖縄戦（2019年10月10日～連載中）

■小那覇安剛（おなは・やすたけ）

◆2020年6月21日　嘉手苅義男さんインタビュー

■松元　剛（まつもと・つよし）

■与那嶺松一郎（よなみね・しょういちろう）

◆2020年6月23日　金城節子さんインタビュー

■中村万里子（なかむら・まりこ）

◇デザイン、図案・地図作成

■相　弓子（あい・ゆみこ）　■仲本文子（なかもと・あやこ）

■濱川由起子（はまがわ・ゆきこ）　■上原明子（うえはら・あきこ）

□デスク

■座波幸代（ざは・ゆきよ）　■久場安志（くば・やすもと）

■小那覇安剛

琉球新報【琉球新報社】

1893年9月15日に沖縄初の新聞として創刊。1940年、政府による戦時新聞統合で沖縄朝日新聞、沖縄日報と統合し「沖縄新報」設立。戦後、米軍統治下での「ウルマ新報」「うるま新報」を経て、1951年のサンフランシスコ講和条約締結を機に題字を「琉球新報」に復題。現在に至る。
各種のスクープ、キャンペーン報道で、４度の日本新聞協会賞、日本ジャーナリスト会議（ＪＣＪ）賞、石橋湛山記念早稲田ジャーナリズム大賞、平和・協同ジャーナリスト基金賞、新聞労連ジャーナリスト大賞、日本農業ジャーナリスト賞など多数の受賞記事を生んでいる。

沖縄戦75年
戦禍を生き延びてきた人々

●二〇二〇年 八 月 一 日――――第一刷発行

編著者／琉球新報社 社会部

発行所／株式会社 高文研
東京都千代田区神田猿楽町二―一―八
三恵ビル（〒一〇一―〇〇六四）
電話０３＝３２９５＝３４１５
http://www.koubunken.co.jp

印刷・製本／三省堂印刷株式会社

ISBN978-4-87498-731-5 C0036